ココ・シャネル 孤独の流儀

髙野てるみ

MdN Corporation

はじめに

生きづらさを感じさせる、いまの時代に生きる――。

それでも、自分らしく生きること、自分らしい仕事をめざすこと、人を愛することをあきらめないように。

そう声をかけてくれる人がいる。

その人は、いまから140年前に生まれ、1世紀前に戦争やパンデミックに世界が見舞われたとき、怯《ひる》むどころかその先の新しい世界を先取りして、自分が何者であるべきかを語るための人生と仕事に挑んだ。

「わたしは歩いてきた道をまっすぐに行く。たとえその道がうまくいかなくても」。

彼女は、古い時代を一新するために、時代が遣わせた「モードの殺し屋」を自負していた。

「時代を服という形にして、自分はその仕事をしている」。

と言いながら、既成概念をうち壊していく。

彼女の職業は、クチュリエ。

世界が20世紀を迎えた頃、フランスのオートクチュール界に革新を挑んだ一人の女、ココ・シャネルである。

そこから時代を現代に移してみよう。

没後50年という期を迎えた2021年、そこでも彼女はサスティナブルな存在として生き続ける。伝説的ファッション・デザイナー、ココ・シャネルは、その生き方や仕事が途切れることなく評価され続けている。神格化さえされているのだ。

2020年にはガリエラ宮パリ市立モード美術館主催の、「ガブリエル・シャネル展 Manifeste de mode」が開催され、2022年には日本にも巡回して、さらなる多くの注目を集めた。

シャネルの服は、彼女の人生を物語るものであり、展示された美術品のようなドレスやスーツに観る者は目を見張った。彼女のアイコニックな作品が完璧であることはもちろんだが、それだけではなかった。

いま私たちが日常着ている装いのほとんどが、当時シャネルがデザインしたスタイルのコピーにすぎないことを目の当たりにさせられたからだ。1920年代から30年代に、現代に繋がる女の服のシルエットのほとんどを形づくってしまったココ・シャネル。

「わたしは実用的で、しかも素敵な発明によって世間を挑発した」。

と、頭角を現し評価された彼女の言葉は、勝利宣言そのものだ。まさに彼女のつくる服は「素敵な発明品」だった。

それまでにない服をつくり、世の中に普及させることは「発明」というしかない。その都度、誰も見たことのない、着たことのない服を生み出していった。

しかも、そこには彼女がつくる理由と理屈があった。

生み出されるべき、時代の必然性を直感でつかんで形づくっていったのだ。

その源は恋愛にもあった。たくさんの男たちからインスピレーションを得て、次なるモードに昇華していくという彼女の流儀は、他の追従を許さないものだった。

そして、現代の私たちが自由に好きな装いをすることができる、その自由を獲得したのが彼女であり、彼女の仕事だった。

好きな服を着る自由！

好きな仕事をする自由！

女たちにまだその自由がなかった時代に、誰よりもそれを渇望したのがシャネルだった。

その自由を求めて、彼女はなにをして世の女たちまで自由にしてくれたのだろう。

それを、彼女の残した服と「言葉」が語ってくれている。

自由を謳歌することは自分らしく生きること。仕事も恋も人生も自分らしく。自分らしさは装う服に表れる。

その服づくりのために自分は遣わされた。だからそれを続けることができた。それが自分の人生なのだと彼女は言う。

そのためには多くの闘いがあった。

それは、自分との闘いでもあった。

生まれ育ちの逆境や、大切な人々との離別や分断。それにめげることなく、バネにして逆転勝利に導く強さがあった。

自分らしく、自由に生きようとするときに伴う孤独や孤立。生きている限り逃れられない「ひとりぼっち」になる、という恐れ。孤独との闘いがあった。

しかし、妥協はしない、媚びることなく、大多数に同調すること、人と比べることもなく、自分が思うことを完璧をめざし貫くことに悦びを感じるシャネルは、孤独を恐れながらも、孤高になることを恐れなかった。

「自分の言いたいことを曲げたり、卑屈になったり、人の言うことに従ったり、自分の思いどおりにしないことが嫌い」。

と言い、それを例えるなら、

「猫みたいに抱きかかえられることも嫌い」。

と言うのだから、素敵だ。そして、

「わたしは孤独が大好き」。

と語り、さらには、

「孤独はわたしに勝利をもたらす」。

とも言うのだ。

彼女の強さの秘密は、そこにあった。

ココ・シャネルの成功と、それを支え続けた孤独力。

生きている限り逃れることのできない「孤独」を抱いて、恐れながらも「ひとりぼっち」になる自由を愉しむことを知ったら、きっと明日が見えてくる。

そして、圧倒的な説得力を持って、いまも持続可能な存在として、彼女が語り継がれているのは、彼女が残した多くの言葉の力である。

それは、いつも自制することなどなく自由闊達に飛び交い、毒がある。

けれども、そこには真実がある。キラーワードとも言うべき、誰も抗うことのできない決めの言葉。

「自分のモノローグをさまたげられるのも好きじゃない」。

と言う彼女だからこそ、刺があり刺激のあるキラーワードは、誰よりも自分に向けて、鼓舞しているものでもあった。

だから、私はそこに大いに共鳴できるのだ。働き続ける女の一人として。

シャネルの強く切ない言葉の多くは、私の精神に入り込んで時に厳しく、時に面白く、時に救いとなって心に住みついていく。

それらは、時代が歳月を重ねるごとに、めくるめくリアリティを帯びて私たちを挑発してやまない。

気づけばその言葉の数々が、あなたの生き方に自分らしく生きること、自由であることをめざし、孤独を感じても大丈夫だという、大きな力を与えてくれることだろう。

本書は、ココ・シャネルがめざした自分らしく自由に生きたい、人の言いなりにならない、恋に溺れない、嫌われてもいい、一人でも成し遂げる、孤独も味方にするというような、彼女の精神と流儀を標榜する言葉を70掲げた。

また、それに紐づく言葉を本文中にも多数、加えている。

いずれも彼女自身の「肉声」である。

シャネルの複数の回顧録からえりすぐったものだ。改めてそれらの著者と翻訳者の方々には敬意と謝意を捧げたい。

柱となる70の言葉に紐づく本文中の言葉は、そのテーマを裏づける言葉を、筆者が膨大な数の言葉から選び抜いて構成したものである。

ココ・シャネルついての史実は、回顧録刊行以降も、多くの評伝が次々と刊行され、ドキュメンタリー映画も製作され諸説が、語られ続けている。本書では、あくまでココ・シャネル自身が語り残した記述（これもまたシャネル自身による諸説があるのだが）にもとづいたものを中心にその表現を尊重してまとめた。本文中のシャネルが語る言葉は「　」で示し、私は「わたし」という表現で統一した。

ココ・シャネルの孤独力を知って、より前向きに生きるためのヒントにしていただく追体験の旅を、ぜひお楽しみいただきたいものである。

CONTENTS

Chapter2

逆らうことの面白さ

誰かに言われてする仕事ほど、つまらないものはない

Chapter3

恋愛も仕事に活かす

自分に恋する男だけに恋をする

Chapter4

自愛・正直に自分ファーストでいい！

必要なのは嫌われる勇気

Chapter5

生涯現役・持続可能な力

一人でもやり直せる、あきらめない

Chapter6
孤独とは

孤独を愛して味方につけて、武器にもした

Prologue

©Lipnitzki/Roger-Viollet/amanaimages

ファッションの真の目的は、
✣ わたしたちの外見を再定義することではなく、
自分がなに者なのかを語ることである。

ココ・シャネルこと、ガブリエル・シャネルが生まれたフランスのオーヴェルニュ地方ソーミュールでは、農家の女たちなどは皆黒い服を着ていたと彼女は言う。自分が何者かを黒の服で物語っていたのだと。

彼女が生み出したリトル・ブラック・ドレスの着想は、そこにあったのではないかともいわれている。

「名は体《たい》を表す」という言葉がある。

「身なり」は人が名を名乗る前に、その人物を印象づけるもの。とてもないがしろにはできないものだ。

男らしさ、女らしさ、職業は……というような判断を、見る者に第一印象で決定づけてしまう。服にこだわるのは見た目だけの問題ではないのだ。

ココ・シャネルは言う。その責任が重大な、ファッションを生み出す者の一人として、自分にも言い聞かせるように。

装いとは、装う女や男たちに、こうあれと命じるものではない。また、そうあってはならないと。

誰もが、一人ひとり、自分がどんな人物で、どんな仕事をして、どんな生き方をしているか、それに応じた「身なり」をすることがふさわしい。

職業が一目でわかるようにするためにつくられたのが「制服＝ユニフォーム」だが、自他ともにその職業に誇りを感じさせ、責任感もみなぎってくる装いだ。身に着ければ自然と内面から外面へと姿勢の向きが変わり、もう一人の自分に変身するのだ。

ココ・シャネルのスーツを身に着けると安心感が生まれ、自分にも自信が持てて、仕事に集中できる。そう語っていたのは、シャネルのアシスタントでプレス担当として彼女の最期まで寄り添い、シャネルの回顧録『カンボン通りのシャネル』を著したリルー・マルカン。「彼女のつくった服は確かに私をよく見せる」と記している。シャネルのスーツは「防護服」であるとも言った。そして、働く女性のステイタスを体現するユニフォームでもあったのだ。

アメリカの大統領J・F・ケネディのファースト・レディであったジャクリーン・ケネディが、夫が暗殺されたときに着ていたのはピンクのシャネルのスーツだった。彼女は着がえることもなく、あえて血塗られたスーツ姿でマスコミと対面し、事件の悲惨さを伝えたというエピソードは有名だ。シャネルのスーツのステイタスが歴史的に時を超え、何回となく反芻《はんすう》されて、いまも多くの人々の胸を打つ。

シャネルのスーツなら、どこに出ても恥ずかしくないと言われるが、このエピソードほどシャネルのスーツのオフィシャル性を物語るものもないと思う。

その「ユニフォーム」は似合う人に着て欲しいものだ。

服はそれが似合うような人物が着るべきで、それに見合う容姿や中身が求められる。

ファッションをつくる側としても、その人を物語るようなファッションをつくり出すべきなのだというのが、シャネルのマニフェストたる、冒頭で紹介した言葉なのだ。

だからこそ彼女は、「これを着ていれば皆と同じでいられる」という既製服づくりには、手を染めなかったのではないか。

オートクチュール（高級注文服）のクチュリエ（ファッション・デザイナー）として、一人ひとりのために服をつくり、それを生涯持続させたのも、その考えがあってのことだろう。

その人らしさを服に語らせるかのように、服をつくる。

語るべき身分や後ろ盾などない、両親不在でも生きていかなくてはならない娘時代を過ごしたココ・シャネル。

自らの誇りや自分らしい生き方を、他者に気づかせるようなファッションを自分のためにつくって装い、注目を集めようとアピールしたことが、彼女の生涯の仕事のスタートラインだった。

自分がめざす自分になろうとしてあがいたシャネル。その孤独で多感な時代があってこそ、彼女は誰よりも自由を得て、それまでにない唯一無二とも言われるファッションを世の中に次々と生み出していったのだった。

名を馳せた人物の「箴言《しんげん》」「警句《けいく》」を知るのが大好きで、自らも言葉を多く残していきたいと願った彼女だから、冒頭の言葉は箴言っぽくカッコをつけているが、また、いかようにも解釈できる言葉とも捉えられるが、簡単に言えば、こういうことになるだろうか。

人と同じ服を得意げに身に着けていても、それでは、自分はどこにいるの？　あなたはどこに行っちゃったの？　ということになるでしょう。自分がどんな女であるかを語るような服を見つけて身に着けなさいね……。

まさしく、ファッションで自分が何者かを語り、ファッションをつくる側と着こなす側の両面を、自分の仕事と人生に持ち得て生きたココ・シャネルの、自分宣言のような言葉。

それらは時を超えていつも私たちの心に響いてやまない。

時にはアナーキーな毒舌が留まるところを知らなかった彼女のいくつもの言葉から、彼女の生きざまを追体験していく旅は、ここから始まる。

✣ わたしは「おしゃれな女」になろうとしていた。

ココ・シャネルは少女の頃から、ファッション・デザイナーをめざしていたわけではなかった。

彼女は、修道院に預けられた少女時代の後、叔母のアドリエンヌがいるムーランの寄宿学校で暮らし、そこで覚えた裁縫の技術を元に卒業後は仕立て屋で働いていた。

しかし、もともとの夢は歌手になること。女優でもいいと思っていたが、いずれも叶《かな》わなかった。

仕立て屋で働きながらムーランにある、カフェ・コンセール「ラ・ロトンド」という店で歌っていたときに、彼女に目を留めた将校がいた。その名をエチエンヌ・バルサンという、裕福な家の息子だった。

また、諸説あって（その出所はシャネル自身でもあるのだが）、彼女の祖父が湯治《とうじ》に訪れていた、フランス北部の温泉地帯ヴィシーに彼女も暮らしていたことがあったという。お茶を飲んでいたところを育ちの良さそうな男に話しかけられ、それがバルサンだったとか。

いずれにしても金持ちの御曹司の目に留まったことに違いはない。

バルサンが軍服をシャキッと着て、シャネルに声をかけたことは、輝きを求めてあがいていた彼女にとって、未来へと続く光の道へのきっかけとなった。

ちなみにファッション・デザイナーとなったシャネルは、軍服からインスピレーションを得たスーツやボーダー柄のバスクシャツを生み出し、それらは現代でも生き続けている。

競走馬の名騎手でもあり、自分の館《やかた》にはたくさんの馬がいるというバルサン。

「お嬢さん、僕の暮らしが、あなたにもできないことはないでしょう」と誘う。なかなかの殺し文句である。

つまり「僕の愛人になって暮らすつもりはない？」と言っているのだ。

「そうでしょうか」と、生まれついての好奇心の旺盛さが手伝って、シャネルはついていく。

危ない、危ない……。バルサンが「悪いやつ」でなくて幸いだったが、なんと軽はずみなこと。といっても、当時の女たちは親の勧める相手と結婚するのが一番の幸せで、玉の輿《たまのこし》が叶って嫁げたら親孝行、という生き方が当たり前。

そういう後ろ盾がない娘は、財力のある家の子息の愛人になって生きていくことも余儀なくされた。

親も娘の面倒一切を見てくれる家が見つかるなら、愛人バンバンザイなのである。

両親はいないし、親戚からも疎まれていたシャネルだったとしたら、それまでの暮らしから離れて、新天地で富裕層の子息の家を拠《よ》り所《どころ》にできるなんて、ラッキーなこと。夢のようにも思えたに違いない。

彼の館に行くと、話のとおり、競馬用の馬たちがいた。バルサンがすぐれた騎手でもあることが嘘《うそ》ではないことも知る。シャネルにとって馬は美しい生き物であると思えたし、特に馬が好きということはないにしろ、素敵な居場所に思えたと言う。

コンピエーニュにある彼の館に住まうようになり、競馬場に出かけるという経験もする。そのとき、シャネルの目に留まったのは貴族や富裕層の男の愛人たちだった。本物の「おしゃれな女」と呼ばれていた愛人たちが目の前にいる。

美しく着飾り、しゃなり、しゃなりと歩いている。長いドレスの裾で競馬場の掃除をしているかのように。

「仕事を持たず、働かない女」「裕福な男に従属していることがステイタスな女」たちが集まっている社交の場である。

結婚して正妻となるか、富裕層の男の愛人となって生きていくかの時代、競馬場は自慢の愛人を連れ歩く場だったのだ。その縮図が目の前に展開していた。

力のある男が、妻以外の女の一生の面倒を見る。愛人は複数いてもおかしくないし、許されてもいる。むしろ男のステイタスにもなっていた。

自分も彼女たちのように「おしゃれな女」になろうとしているのか。

「おしゃれな女」として本当に生きていくべきなのか、シャネルは漠然とイメージしてみたと言う。

バルサンのいる世界は、いままで見たこともないような眩《まばゆ》い世界であり、身寄りのないシャネルにとっては、ありがたいほど幸運極まりない場であったことに間違いはなかった。

しかし、選択肢はほかにはないのか……。

実はこの環境こそが、シャネルをファッションの道へと向かわせるきっかけをつくったのであった。そのインスピレーションとなったのは「馬」と「競馬場」だった。

ちなみに、バルサンから誘われてという話にも、自分の自由な場所を求めて、このチャンスを逃してはならないという必死の思いで、シャネル自身がバルサンを求めたという説もある。

「わたしに馬の世話をさせてみない?」という気の利《き》いたセリフで。

売り込みの達人である。

まあ、どちらが先に誘ったかなんてどうでもいい話でもある。

良家の子息との出会いがあって、身寄りのない若い女のシンデレラ・ストーリーは、ここから始まったことは事実なのだから。

❖ わたしは人とは、とても違っていた。

エチエンヌ・バルサンのお気に入りになったココ・シャネル。

しかし、世間から見たら、シャネルは愛人の一人にすぎなかった。

シャネルが若すぎるということもあって、また一人、新顔を館に住まわせているという噂はすぐに広まり、周囲から好奇の眼も向けられた。

そんなときには、「彼女は馬の世話係さ」とうそぶくこともあったというバルサン。

大人の女としてまだ未熟であることを、シャネルが目の当たりにさせられたのは、バルサンの愛人、エミリエンヌ・ダランソンという高級娼婦の存在が浮上したことからだった。彼女とは別れたと言うものの、バルサンの館には、未練がましいほどに、ダランソンの写真が飾られたままだった。

ダランソンは「おしゃれな女」の鑑《かがみ》ともいうべき、すべてを兼ね備えているハイレベルの愛人としてもてはやされていた。

彼女のような存在は、当時のファッション・リーダーでもあり、男だけでなく女たちからも注目の的となっていた。

社交界では愛人にも格差があり、女性としての魅力に溢《あふ》れ、また美貌であるだけでは評価は低いとされていた。流行の服に身を包んでいることはもとより、なにより社交的センスがなくてはならない。知的な会話が誰とでもできないと見下されてしまうのだ。

そういう「いい女」と親密にしていることは、富裕層の男たちの格を上げることにもなった。その条件を満たしているダランソンに、バルサンが夢中だったということには少なからずシャネルも動揺した。

しかし、負けてはいない。

「きれいな方ね」と褒め殺す。

ここで、嫉妬をむき出しにするのが普通の女。しかし、シャネルは人とは違っていた。そして普通の女とも違った。

ダランソンのような、大物の高級娼婦である愛人、いわば「愛人のプロ」の女と優劣を競っても意味がない。

しかもシャネルは、そんな「おしゃれな女」になるつもりもなかったのだから。

「偉大」なるダランソンを敵に回す立場でもない。

バルサンの館で自由奔放《じゆうほんぽう》な暮らしを得るためには、「おしゃれな女」を真似るのではなく、唯一無二の自分になることが必要なことを、賢いシャネルはすぐに察知し、サバイバル的な行動をとっていく。

それは、女として競うという生き方を回避することでもあった。

それ以前に、ダランソンたちの、男好みで動きにくい服装、「おしゃれな女」の「制服」に、嫌悪と憎悪を募らせた。

時代遅れに見える彼女たちの装いに負けるつもりもないと。

男好みの装いとは真逆の、メンズライクなファッションに身を包み、思わず相手を笑わせるような機知に富んだ会話を巧みに使うシャネル。

バルサン、ダランソン、そして彼らの社交界で個性的な「異才」を発揮させながら、ニューフェイスとして、人とは違った存在をアピールしていく。

バルサンの服を仕立て直した少年のようないでたちは、遊び飽きて退屈な毎日を送る富裕層の人々や貴族の男女にとっては斬新に映る。

そのいでたちで馬にまたがって走り回るシャネルは、すぐさま注目の的、話題の中心となっていく。素晴らしいことに、乗馬が好きなバルサンとの至福の時間をつくることもシャネルは巧みだった。

それは、決してダランソンのような女たちが立ち入る隙もない特別な世界。なにしろ、泥まみれが当たり前の「馬」の世界には、裾の長いドレス、過剰にデコラティブで頭を動かすことさえ容易でない重い帽子という、身動きもままならない装いの女などは、近づくことさえできなかったのだから。

身分が高いとされる多くの男たちから愛される女を相手どって、こういう手で大きく差をつけたココ・シャネルは、美しいだけ、優しいだけ、男の言いなりになるだけの、その時代の女たちとは大きく違っていたのである。

✣

わたしの人生はずっと幼年時代の続きだった。

人間の運命が決まるのはまさにこの時期よ。

そのころの夢が一生を左右する。

心の準備はすっかりできていた。


子ども時代は大切だ。

幼少期の体験、幼少期のトラウマが、その後の人生に大きく影響する。

シャネルは成功してから、そのことをつくづく思い知ったことだろう。

子どものときに、こうなりたい、こうありたいと願い、大人になってその想いどおりのことをしている人は幸せ者だと言われる。こと、仕事や職業については顕著である。

シャネルの一生を支配したものは、ファッション・デザイナーになるという幼少期の夢ではなかった。「不幸」そのものを引きずって刻まれた「ひとりぼっち」という刻印は、最後まで良くも悪くも彼女に影響を及ぼしたと言ってもよいと思う。

ただ、彼女は人並み外れて、その恵まれない境遇であったからこその「幸運」の引き寄せ方を身に付け、賢く歩むことができた。その能力について、あまりの逆境に育った少女だったからと、自らも公言している。

シャネルが12歳のときに母ジャンヌが32歳で死去、その後父親アルベールから捨てられる。プリヴ=ラ=ガイヤルドにある孤児院を併設したオーバージーヌ修道院に、姉ジュリア・ベルトと妹アントワネットとともに預けられたと伝えられてきた。

弟アルフォンスとルシアンは孤児として農家に引き取られたという。

あるいは、父の親類に預けられて邪魔にされ、反抗的な日々を送ったなどと、諸説あるココ・シャネルの少女時代。

恵まれない少女時代があったからこそ、それをバネにして成功することができた。それでも、その頃のことを恨んでなどいないと、シャネル自身が後年語っている。

運命が過酷なものだったとしても、それにめげずに大きな野望を抱き、世界的なファッション・デザイナーになったことは、スタートからエンディングまですべてが必然的なものだった、と彼女は語っているのだ。

自分が望んでいないような人生は歩まない。自分で自分の生き方と運命を決める。夢に描いたとおりに。

両親に甘やかされることのなかった少女は、孤独の中で果敢にも夢に向かって歩んでいこうと決意する。

上手《うま》くいかないことを、生まれや育ちのせいにして、自らの運命を負のままに受け入れて、努力もしないであきらめるような、流行語にもなった「親ガチャ」なんて、シャネルの人生においては「もくず」のようなものだ。

誰だって、幼年のときに、親への感謝なんてするわけがない。子どもは子どもで精一杯なのだし、上手くいかないことがあれば、なにかと親に甘えて親のせいにもするだろう。ただ、生まれを恨むばかりで、夢見ることを忘れるようではいけない。

夢を見るということは自由に羽ばたくということなのだから。

親ガチャでも、夢は見ようよ。

そういうシャネルの声が聞こえてくるようだ。

❖ 父親はアメリカに行って、大金持ちになって帰ってくるのよ。

ココ・シャネルと姉と妹、さらに息子たちを残して姿を消してしまった父親。シャネルが成功しても、父親と再会することはなかったという。

父親は自分のことをガブリエルではなく、ココというニックネームで呼んでくれたと、シャネルは回想する。

彼女が父から愛された時期もあったことの表明だろうし、あるいはそうでなかったとしても、そうあって欲しいという夢を抱いた上での話なのかもしれない。

失踪した父はアメリカに渡り、大成功して子どもたちを迎えに来てくれるのだと周囲に話していたというシャネル。

それも、他者への言いつくろいというよりも自分を励まし、鼓舞するための夢物語だったのかもしれない。

そして、生涯にわたり、父親が酷い人間であるかもしれないこと、酷いことをされたということを認めたくないという心境と、最後まで父親への思慕があったことを物語ってもいるのではないだろうか。

どんな目にあっても、それをよく考える、方向性を変えて受けとめてみるというような力を身に付けて前進していくシャネル。

切ないほどの孤独力である。

✣ わたしが美人の基準と違っていても構わない。少しだけ早く生まれたせいだから。

マイナスなことを、プラスに考えるポジティブ思考は、自分を救うためのサバイバル力にほかならない。

ココ・シャネルの容貌は、当時の美人の基準からは離れていたかもしれない。

首が長すぎることも気にしていたようだが、見てくれをあれこれ大いに悩むのは女なら誰でも同じだろう。

彼女が自分に救いを見いだしたのは、現代的な顔だからこの時代には美人とはいえないということであり、自分は全然気にしていないというわけだ。そうとうに強気のかまえである。

父親の妹の娘でシャネルより2歳年上の叔母アドリエンヌとは、修道院の後に身を置いたムーランの寄宿学校で暮らしをともにし、その後もまるで姉妹のように、社会での経験を重ねていった。

二人の性格も顔立ちも真逆ともいえるものだったが、アドリエンヌはいわゆる美人で人目を惹《ひ》いたという。常に複数の富裕層の子息たちに囲まれていて、擁護される「アイドル」的存在になっていた。ファンクラブを持つアイドルというイメージが近いかもしれない。

伯爵の愛人となって、正妻が亡くなった後には妻として迎えられ、穏やかな暮らしを送った。一方で容貌もキャラクターも個性的なシャネルは、それゆえに社交界で稀有《けう》な女として注目を浴びることになった。

シャネル自身が自他に言い聞かせようとした、モダンすぎる「顔」だったからこそ、ファッション・デザイナーという職業には有利に働いたのかもしれない。

Chapter

1

自由を恐れてはいけない

自分らしく生きるために、
自分は生まれた

✜ ああ！　自分の好きな服を着るのが許されていたら！

ココ・シャネルの少女時代の話である。

まさか、彼女が自分で着たい服を自由につくり、それで名声や富を築くことになるとは、まだ夢にも思っていない頃のこと。

父に預けられ、母の従姉妹である二人の叔母の家に暮らしていた時期があったと自ら語るシャネル。彼女のそんな昔話はつくり話だという説もある。また一方で、修道院に預けられたという話も有名だが、その事実はなく、やはり叔母の家で家事手伝いをさせられていたのだろうという説まである。まずは、シャネルが回顧録に残した話に分け入ってみたい。

その叔母たちは裕福で出入りの仕立て屋がいたという。シャネルは小説の主人公が着ていたドレスさながらの、藤色のドレスを、相談しないまま注文する。

それを着て教会に出かけようと、幸せな気持ちでいっぱいになっていたというシャネル。ところが、叔母たちにそれを知られ、ただちに着ることを禁じられて絶望感でいっぱいになったという。

この頃のシャネルは、自分らしい装いをめざすという想いもなく、ただ小説に描かれるヒロインのような、ロマンチック好みの女らしい装いに憧れていたというのだ。反抗的で非常識、手に負えないシャネルが「やらかした」エピソードとしてはかなり信憑性も感じられる。

「わたしを鍛えたのは、あのときになめた試練なのよ。
辛い生い立ちのおかげで、強い性格が出来上がった」

しかし、この話もまた、シャネルのつくり話なのかもしれない。シャネルにも、こんな普通の乙女の頃があったこと、その思い出として語ってみたかったのか……どうか？

謎の多いシャネルの興味深い一面ではあるのだが、これが本当の出来事だとしたら、意外なくらいにこの乙女チックな装いに憧れた少女が、どうしてその後、それまで誰も考えなかった、時代に挑戦するかのようなファッションを生み出し、世界的ファッション・デザイナーとしての地位や名声を築いていったのかを、ますます知りたくなるというもの。

子どもの頃に、思うような服を思うように着ることができなかった、その飢餓感について、彼女が語っているのだとすれば、またまた信憑性は高まるということにもなりそうなのだが。

❖ わたしのことをガブリエルって呼ぶから悲しいの。
家ではココと呼ばれていたんだもの。

二人の叔母の家に預けたシャネルの様子を見に来る父親に、そのたびにシャネルはここから出たいと懇願したという。
父親の腕にすがりついては、くり返す。

「わたしをここから出して連れて行って！」

この想いは、父に代わって彼女が恋した男たちにも、その折々に向けられた言葉ではないかとさえ思えてくる。
より良い場へと誘ってくれる男たち、それは彼女にとっての白馬にまたがった王子さまにも思え、男たちへ夢を託していったココ・シャネル。
それが叶えられないなら、自分で夢を手に入れなくてはならないという運命にも翻弄されていく。

その場から連れ出して欲しいと父親に懇願した理由の一つは、叔母たちが、父親がつけてくれたニックネームの「ココ」ではなく、「ガブリエル」と自分を呼ぶことが嫌なのだという。自分を呼んでくれる「ココ」という響きには、優しい父の愛を感じていた様子のシャネル。父が側にいないことで、ココと呼ばれることもなく「孤独感」を募らせていたに違いない。

叔母たちの厳しいしつけには、ことさら反抗的だったと自ら語る。成功するためにアメリカに行くその前に、彼女の聖体拝領《せいたいはいりょう》のときに着るための服を持ってきてくれたという父。

それは、モスリンの白いドレスと薔薇の冠飾りだった。

しかし、彼女の日頃の反抗ぶりに罰を与えるかのように、叔母は薔薇の冠飾りなどかぶってはならないと禁止する。普通の帽子がお似合いだと。

「薔薇の冠飾りを剥ぎ取られたのは辛かった！
なにより大切なわたしの旗印だったのに！」

そんな場所から早く逃げ出したい。誰かここから連れ出して欲しいと思う日々だった。
だから、甘えられる相手は父親しかいなかったのだ。とはいえ、その頃の父への想いも、恐らくつくり話だとも言われている。

甘えるどころか、その父は自分を捨てて姿を消してしまっていたということも、自ら語ってもいるのだから、父親という存在にも夢を見ていたかったのだ。

だからこそ、生涯忘れられない父への思慕の想い。その想いに嘘はないのだ。

一方で、そんな環境で厳しく育った子どもは強くなるとも語るシャネル。

同時に、外の世界への夢が大きく広がっていく。

手に入れたいものは、まずは自由なのだ。

しかし、自由になるためにはお金がいる。


「お金は牢獄の鍵を開けてくれる鍵だ」


と、そのことばかり考える。

服のカタログを見ては、湯水のようにお金を使うことを夢見る。純白のドレスを着た自分の姿を想像しては、うっとりする。真っ白な部屋と真っ白なカーテン、そんな夢の白い部屋を想像して、自分がいる「真っ黒」な叔母の家と引き比べていた。

「誇り高い人間には唯一つ、なににもまさる善がある。
そう、自由！」

この渇望と孤独の想いこそ、彼女の不屈の精神と、チャンスを逃さない機敏さや賢さ、なにより、自分らしさと自由を求めた生き方の源となっていく。

成功してからの晩年に、切なすぎるそんな少女時代を語っているシャネルである。

❖ どこに行っても落ち着けるところはない。わたしは自由を選んだのだから。

孤独と自由は対になっている。

自由を求めるとき、人は孤独になることを恐れてはいけない。

孤独であることとひきかえに、人は自由を手に入れられる。

そのことを誰よりもよく知っていたのが、ココ・シャネルである。

早くから両親と別れて生きる道を選ばざるを得なかったシャネルは孤独だったが、自由が誰よりもあったといえる。

自分が何者になってもいいという自由。少女の頃から、引き留める者は誰もいなかったのだから。

修道院や寄宿学校を出てからは、そこで身に付けた針仕事で生計を立てながら、ある意味自由気ままに社会経験を積むことができた。

歌手になりたい、女優はどうだろうと好きなだけ挑戦してみた。

口うるさい大人の監視下にもなく、その間に知り合った、王子さまともいえる富裕層の館で暮らしをともにして、特別な場所、上流社会に身を置くことになり、それまでにない刺激的な毎日を送ることにもなった。

裕福な両親の下、甘やかされて過保護に育てられることを「幸福」というならば、それとは真逆な境遇にあったシャネルだったが、とにかく自由を早くから手に入れるチャンスがあったことも事実なのである。歳の近い、美しい実の叔母アドリエンヌを味方につけて冒険の日々に挑んでいけた。

自分の運命を自分で切り開くことも、誰にも遠慮のいらない青春。

考えてみると彼女の居場所は、実にドラマチックで多岐にわたっていることも事実である。

寄宿学校はムーランにあった。バルサンの館はコンピエーニュ近くにあり、のちにアーサー・カペルとはパリに。

そののちフォーブル・サントノレの大邸宅に住み、南仏に別荘「ラ・パウザ」を所有。終《つい》の住処《すみか》として、パリのホテル・リッツで暮らした。

生涯を同じ場所で過ごす者も少なくない世の中にあって、シャネルほど、人生を旅するように居場所を変え、移動を繰り返した娘は、そうはいない。

「箱入り娘」には真似のできない賢さや機転の利く利発さや、身をもって学んだことが、彼女の糧となっていったと思えてならない。

ファッションで身を立てて、地位も築いてパリに家を持ち、大邸宅や別荘に身を置いても、彼女の心はいつも自由を求めて次なる場所を求めていたのかもしれない。

ホテル・リッツの部屋を住まい代わりにしたシンプルな暮らし方も、いつも旅行気分でいられるからと言っていたようだが、通り一本を隔てて、自宅と仕事場を行き来していたことも、どっぷりと休息に浸るということに慣れなかった。あるいは、自由を感じていたかったからなのかもしれない。

孤独を自分のものにした者だけがわかる、自由な生き方が見てとれる。

✣ クチュリエという この新しい仕事について、いったいわたしは何を知っていただろう。

クチュリエとは、高級注文服の仕立て屋、ファッション・デザイナーのこと。これを職業として成功することに野望を抱いて努力した憶えなどはないと言うココ・シャネル。

偶然に、成り行きで、行きがかり上、そうなってしまってね、というようにシャネルはうそぶくのだが、それも成功したからこそ言えるということもあるだろう。

けれども、確かに彼女は、服のデザインや注文などについて、失敗しないようにと計画を立てて、成功したわけではなかった。

誰もが皆、最初は素人である。

どのあたりからその道の専門家、プロになったのかはわからないままに、なにかに導かれて、あるいは直感をとぎすませて、めざした道で経験を積んでいくものだ。

結果的には、そこに必然的な、運命的なものが繋がっていったりする。

天職というのも、やる前からわかるものではない。

周囲に認めてもらってこそ、プロになれるということもあるだろう。

それをシャネルはへりくだって言っているのだろうし、「箴言」っぽく深い想いが込められた言い様なのである。

確かにシャネルは、行き当たりばったりといったら言いすぎなのだが、たまたま、そこに道があって歩いて行ったらそうなったというような、偶然の出来事や出会いが、その先で必然となり、広がっていったように思える。そんな「生き方」がファッション・デザイナーとしても新しくカッコよかった。

その運の強さや時代の気分を先取りする力があって、後から服づくりの技術がついてきたという印象も強い。

人から賞賛を得たいという野心も、ファッション・デザイナーとしてではなく、最初は歌手や女優として「喝采」を浴びたかったくらいなのだから。

オーバージーヌの修道院時代に習ったという裁縫や、その後のムーランの寄宿学校時代にしばしば通った叔母の家で覚えたという帽子づくり。さらにその後は、お針子として雇われた店で腕前をあげていったという服の仕立ての技術。それも、その頃は生活をするための手仕事で、労働でもあった。

その経験や工夫についての能力が磨かれていったとしても、それを生涯の仕事にするとは、そのときには考えたこともなかったのである。

誰も考えたことのなかったようなデザインを世に打ち出し、そのたびに「事件」のように注目され続け、トップランナーとして新時代をリードしていくことは、シャネル自身にも信じられないほどの大冒険と大事件だったのだ。

そのアイデアやセンスは唯一無二の斬新さだったし、なにより自分が着たい装いをそのまま形にして自分が着こなす。すると、それが流行になっていくのだから、シャネルにとっても、新しいファッションをつくることが面白くてたまらなかったことだろう。

直感と独学で生み出し続けたシャネルのスタイル。恋や才能ある芸術家たちとの刺激的な交流から、また、街に漂う時代の潮流などを感じ取ることからクリエイトしていく。

「知りすぎると良いものは出来ないわよ」

どんなジャンルについても、物づくりの極意は、「知識」を詰め込みすぎないことなのだと言う。

修業を積んで資格を取り、失敗しないことが正解だと思い込んでいることは、大間違い。

真の修業とは、失敗を繰り返し、身体で覚えていくことという体験主義がシャネル流。

見よう見真似の手探りでとはいえ、やはり服をつくることはシャネルの天職であり運命だった。偶然はすべて必然となっていった。
機運を逃さず、誰よりも先に捉える力があったことは事実なのであるが。

「時代を服という形にして、
自分はその仕事をしている」

20世紀という新しい時代の中で感じるままに、時代を先取りする感覚につき動かされ、自分を信じる力を持って挑んでいったココ・シャネル。彼女が次々に生み出していったファッション・アイテムは常に他の追従を許さないものだった。
そして、自ら語らずとも、そのいでたちで自分を語るのは美しいことであり、その装いを生み出していくのが自分なのであるという、ファッションの重要性を語るに至る。

「自分のことを語ってはだめよ。
黙って人にわからせなくては」

こんな「金言」を残すほどの、クチュリエの第一人者になっていったのだ。

❖ わたしには本質的な批判精神があり、批評眼がある。

ココ・シャネルは、小さいときから親元を離れて暮らすことを強いられた育ちのせいか、自分を取り囲む多くのものごと、小さいことから大きいことまでに批判精神を持ち続けた。それが彼女の生き方そのものだったともいえそうなほどに。

叔母に預けられたにせよ、修道院に預けられたにせよ、ぬくぬくと毎日が平穏で親の過保護の下にある子どもに比べたら、ものごとを見つめる力は、よりとぎすまされていったに違いない。

叔母の衣食住、自分への愛情の度合い、修道女の生き方や神との繋がりなど、目にするもの、聞こえてくることすべてをまず精査して、自分がそれを好ましく思えるのか、あるいは嫌悪すべきかを探り、臆せず発言する。

人の言いなりにはならない、まっすぐで直感に満ちた鋭い観察眼の持ち主だった。

そのまなざしと精神は、彼女に言わせると、「少女」そのもの。

「嘘と真実」「裏と表」などを鋭く見極めるピュアな姿勢には、上流階級や貴族の男たち、大物政治家なども抗うことはできないくらいで、一目置かざるを得なかったのだ。

驚くほどのシャネルの人脈も、歯に衣《きぬ》を着せず、媚《こ》びや阿《おもね》りのない物言いで、いつも勇気を絶やさないシャネルに魅了された証しといえそうだ。

「わたしがやってきたことは、
みんな子どものような
無邪気さでやったことなの」

この言葉が、彼女の偉業と対照的で強く印象づけられる。

彼女の批判精神のたくましさは、いくつになっても、ものごとについてまずは「疑ってみる」という力。

簡単にはごまかされない、言いなりにならない気骨が、生きている間ずっと持続したということなのである。

わたしはギャラリー・ラファイエットで帽子の原型を買った。
✣ 初めは一つだけ。
それから六つ、そして十二買った。

ココ・シャネルのファッション・デザイナーとしてのスタートは、帽子店からだった。エチエンヌ・バルサンの館で暮らすことになって、社交場で行きかう「おしゃれな女」と呼ばれる愛人たちの装いに違和感を覚えたとき、なにより帽子が気に入らなかったという。

彼女の持ち前の批判精神にスイッチが入った。「なんか変！」。

頭にすっぽりと入らないどころか、帽子にはゴテゴテとしたデコレーションが施されている。なんの意味があるのだろう。だって、花ならともかく果物までのっかっているとは。これはいったい……？　しかも、「おしゃれな女」たちはそれを自慢げにかぶっている。それも「おかしい」。奇妙ではないか。

重くて動きにくいから歩きにくい。

それは、男たちの陰謀にさえ思えた。

身体をコルセットで締め上げた上に、長いドレスの裾をひきずりながら、さらに醜悪なかぶりにくい帽子をかぶってそぞろ歩くなんて耐えられない。動きを抑えた立ち振る舞いが「女らしさ」であるという男たちの価値観に、そのまま言いなりになっている女たちの姿は、シャネルにとって腹立たしくもあった。

なにより、自分がそんな格好をさせられることは絶対に許せない。

それにひきかえ、男たちのいでたちはどうだろう。

帽子は身分の高い大人たちには必須のものだった。

男たちは、実に活動的でスマートな服装で、自由自在に社会を渡り歩いているではないか。コートやジャケットにはポケットもついていて、女たちのようにはハンドバッグを手にしていないから両手も自由だ。

帽子にしたって、シンプルで快適そうなものをかぶっている。

男物の「カンカン帽」と呼ばれた帽子をバルサンから借りて自分らしくアレンジしてかぶってみたら、シャネルは腑《ふ》に落ちた。これでいいではないかと。

「麦わら帽子を頭にのせて、髪が肩までしかない小柄な女。
そんなわたしは珍獣だったのだ」

自虐的に自分を評してもいたシャネルだったが、彼女は「自分」というものを持っている珍しい女と映る。

すかさず、「それ、どこで手に入れたの?」と女たちに目をつけられる。評判は良く、帽子をつくって欲しいと人気になった。

バルサンたちの社交界の花形、女優のガブリエル・ドルジアがかぶってみせて話題にもなる。私も欲しい、私も、と大評判になってしまい、彼女のつくる帽子は画期的でそれまでになかった「女のための帽子」となった。

20世紀という新世代の誕生にもふさわしく、彼女が考える新しいいでたちとは、それまでの虚飾、金満のアール・ヌーボー的なデザインから脱却し、大胆なくらいに余計なものをそぎ落としたもの。シンプルでストイックなアール・デコ的なセンスが好ましかった。

シャネルは、誰に教わるでもなく、自分の感性で時代が変革を生み出すことを予感していた。

彼女のセンスと頭の回転の速さ、機転の利いた行動力は人並み外れていたが、まずは出来合いの帽子をデパートで買い求め、それをサクサクとアレンジして、唯一無二のオリジナルな帽子へと変身させてしまう。そのちゃっかりさ、要領の良さ、加えて器用なことは他の追従を許さないものだった。

「リメイク力」こそ、才能だ。

例えば、「映画の世界」でも、名作と言われる作品をリメイクすることは、実に楽しくやりがいのあることで、「フェイク」「パクリ」とはまったく関係のないクリエイティブな創作そのものである。

もっと身近な例では、出来合いの総菜を豪華なメニューにつくり変えることも「ズル」ではないと思う。味つけやアレンジを加えて出来合いに手をかけ、より美味しい逸品にすることは、やはりセンスや腕前があってのことだ。

出来合いのものを自分の思うものにつくり変えること。これは深掘りしてみると、生まれたままの自分を、自分の好きなようにつくり直すという、シャネルの無意識なりの行動なのかもしれない。

シャネルの帽子の元ネタは、ギャラリー・ラファイエットだったというカラクリを隠すことなく、自らネタばらしをしているシャネル。

ラファイエットの帽子のままではダサいから、新しい息吹を与えてあげたのよ、と言わんばかりだ。

もちろん、時を経て大成功したからこそ、洒落《しやれ》になる逸話であるが。

❖ ファッションはチャンスの女神の前髪のようなもの。来たと思ったら、その瞬間にすかさずつかまなくてはならない。

チャンスは一瞬にして前を通り過ぎていくものだという。

ファッションもそういう機敏さで生み出されるべきだと、シャネルは言っているのだ。

それにしても、なにがチャンスだかわからないままに、チャンスが通り過ぎていくということは、実に多いものだと思う。

これぞチャンス！　と誰よりも勘が鋭く、先見の明もあり、機敏だったシャネルは、それが才能の一つでもある。

他人からしたら、強運の持ち主と思われる人生であったかもしれないが、運命は自分でつかみ、自分で変えていくという「人生の凄腕」が彼女そのものだったと思う。

しかも、幸運は、幸運という姿をして現れるものではないようで、数々の逆境を乗り越えて自分の進むべき道を見いだし、成功へと導いていったシャネル。

彼女には、誰もが「不幸」と思うような出来事だってチャンスとして捉え、ラッキーに変えていく強靭《きょうじん》な精神があった。

ファッションに関わるスタートにしたって、自分が気に入る帽子をつくってかぶっていたら人気が出て、その反応を見るや、すかさずこれは売れるとビジネス感覚を働かせ、「帽子店」をやりたい！　と、バルサンに援助を頼んで実現させてしまう。彼女にとっては、実に容易《たやす》いチャンスの女神との取引だったことだろう。

そしてそれ以降、生涯試練の連続であったシャネルは、その時々に、チャンスの女神のほほえみを知るタイミングを心得ていったに違いない。

✣ ショートカットが流行ったんじゃない、わたしが流行ったのよ。

パリ、カンボン通りにある「シャネル・モード」という帽子店に行けば、話題のココ・シャネルの帽子が手に入るという評判が高まり、思った以上に彼女の仕事は成功していった。

その後、ドーヴィルにファッションの店も出す勢いとなるが、彼女のつくるものは、いつも彼女自身が着たい、身に着けたいと思うもので、彼女が身に着けていると、新しもの好きな上流社会の女たちが真似をして流行していく。

ファッション・リーダーとして、装ったものを売り出していく確かなビジネスをシャネルは手がけた。

シャネルの登場以前は、上流階級の婦女子や高級娼婦がファッション・リーダーだった。

その頃は、ご用仕立て屋のポール・ポワレというクチュリエの注文服が先端だった。

彼は舞台衣装なども制作していた第一人者で、貴族の婦人たちからの信用は厚い。

そこに、彗星《すいせい》のごとく登場したのが、ココ・シャネルだった。

彼女は、それまでの男目線の価値観を込めた「女らしい女のためのファッション」から、真の「女が求める女らしいファッション」を生み出す。

それは、どんな女でも、気に入らずにはいられない、シャネル曰く、どんな女にも似合うという、それまでのお仕着せの女らしい服ではない、着ていて本当に快適な開放感溢れるファッションだった。

その装いに似合うヘアスタイルといえば、それまでの女らしさの象徴であったロングヘアをバッサリ切ったショートスタイル、その名も「ギャルソンヌ」風スタイルといわれた。

同名の小説から名づけられたニューモードで、シャネルの容貌を引き立てるにもふさわしいヘアスタイルだった。

思い切り良くショートにした彼女は輝くばかりで、それを見てまた、それまで迷っていた女たちが次々ショートカットしていったという。

そこで、「わたしが流行ったのよ」と見得を切って言ってみるところが、いかにもシャネル。

真実は、湯沸かし器の火が燃え移り、自慢のロングヘアが焼け焦げてしまい、パーティに出かけられなくて困った末の、決断の結果がショートカットだったとか。これもまた自らネタばらしをして、周囲を沸かせるお茶目なシャネル。

大失敗にもめげずに、それをヒントにして、新たなおしゃれに進化させる才能は大したものである。

富は蓄積ではない。まったく反対である。わたしたちを解放するためにあるものなのだ。

男に依存しない女とは？

ココ・シャネルが帽子デザイナーとなって成功したということは、自分が自由になるお金を手にしたということだ。

言うならば、お金は自由な生き方を約束してくれるものとなった。

それ以前の10代の頃、お針子をしていたシャネルは、働くことで収入を得るようになり、自分で稼いだお金を自由に使える喜びを知った。

さらに遡れば、叔母たちの家に預けられていたという時期には、使用人たちがお金の大切さを盛んに語りあっているのを聞き、漠然とではあるが、お金があるということは、自由が手に入ることであると意識してもいた。

当時は、女は男に養ってもらうということが当たり前のことであり、女が自分でお金を稼ぐということは、男の世話にならないで生きること、男に依存することからの解放を意味することであった。

そこにシャネルは夢中になった。

ただ、お金を貯めて金持ちになるために稼ぐことに興味があったのではない。

あくまで自立した、男と対等に生きる人間としてありたいと意識していたのだ。


「お金は人生に装飾的楽しみを与えはするが、人生そのものでありはしない」

金満となり、それがその人物をきらめかせる飾りにはなるだろうが、人生そのものになったりはしないだろうとの考えである。

男にひけをとることなく、自分が何者なのかがわかるような仕事をして、お金を稼ぐ生き方をめざしていったシャネル。

恐れることなく自由を求め、自分らしく生きることを求めて。

❖ 翼を持たずに生まれてきたのなら、翼を生やすためにどんなことでもしなさい。

ココ・シャネルの残した代表的な言葉の一つで、驚きの中にも詩的で美しい響きがあり、秀逸なキラーワードだ。反応を楽しもうと、挑発するかのような言葉でもある。

自分の生まれを嘆いたり、人をうらやんだりする暇があったら、どんなことをしてでも、それを克服すればよいではないか。

そうしなさいよ、と彼女は言う。

そんな無茶な！　と誰もがおののく。

これもまた、「親ガチャ」とは対極にある考え方、生き方である。

自分らしさは自分でしかつくれない。生まれたままでは思うような「自分」になっていない。自分らしく生きる、自分らしい仕事をする、羽ばたくための翼を、どんなことがあっても手に入れることをあきらめてはならない。

ココ・シャネルがやり遂げたことは、ファッション・デザイナーとなって、それまでの女たちの装いの常識を、根底からひっくり返して、自分が思うものを新しい常識にしてしまったこと。女の服と装い方の公式を覆し、彼女の「発明」を定着させ、現代に至るまで継続させてしまったということ。

そのためにはどんなことにでも挑戦し、経験を重ねて、思うような「自分」という「翼」を手に入れた。

しかし、それが批判や反発を生み、敵もつくることになるだろう。味方であった者が敵になることもあったという。それが一番の孤独感を生むものなのだ。そういうときに、孤立してしまい、孤独に見舞われることを、なにより彼女はよく知っていた。

それでも孤独になることは、すべての束縛から解放されることであり、自由になれることでもあると知っていた。孤独を受け入れる覚悟があってこそ、不可能を可能にすることができたと言っていいのだ。孤軍奮闘の女が、ココ・シャネルの身上となっていった。

孤独を恐れてはいけない。自由を恐れてはいけない。

孤独を恐れることから、不自由で不必要な「おつきあい」を尊重して、自分を見失うことは人生の無駄である。

そのことを、ココ・シャネルは孤独に見舞われるたびに知り得ていく。

封建的でもあったファッション界に、まるで「バタフライ・エフェクト」のような「はじまり」を、一人で巻き起こした女の言葉には、唯一無二の響きがある。

✣

20歳の顔は自然から授かったもの。

30歳の顔は自分の生きざま。

だけど50歳の顔にはあなたの価値がにじみ出る。


シャネルが50代に入ってつくったこの「箴言」は、また手厳しい。

生まれて半世紀、自分の顔に責任を持ちなさいよ。と人々に引導を渡しているかのようだ。

生まれが良くたって、人生を歩むうちに、それまで知らなかった自分が顔に出てくるというのだ。良くも悪くも。

怖いことである。

自らを鼓舞しているかのようでもあり、またしても自分をたたえる言葉として響いてもくる。人としての価値が滲《にじ》む顔になっていると、50代になったシャネルが自ら鏡を見て勝ち誇ったのだろうか。

例えば、青春時代から長く、相棒のように行動をともにしていた叔母のアドリエンヌは、生まれついての美しさを授かっていた女だった。常に若い男たちにちやほやされていた。比べて、独特の魅力はあっても、当時の美人の基準とは違う容貌であったのがシャネルだったと自ら語っている。

その顔も、自分が思うような顔立ちにつくり上げる必要を感じていたのかもしれない。革新的デザインの数々の服づくりに取り組んで、ばく進していた30代の彼女の顔は「仕事に生きる」自信を滲ませ、その集大成として、50代の顔が完成したことの喜びを、記念碑に刻むように、この言葉をつくってみたのだろうか。

最終的には、誰とも違う顔、自分らしさが滲み出ている顔を持たねばいけない、と言っているのだ。

毎朝鏡を見る私たちへの戒めと励みとして、のしかかる「名言」である。

✤ わたしの人生の出発点は、本当に幸いだった。

感慨を込めて、自分に言い聞かせるかのような言葉である。

想い起こせば、ファッション・デザイナーとなるきっかけは、寄る辺のない境遇にくじけることなく、運命のままに入り込んだ富裕層や貴族の上流社会。そこでシャネルを見初《みそ》めて導いた、裕福な生まれ育ちのエチエンヌ・バルサンという男との出会いにあった。

彼の愛人として生きる人生など到底受け入れることはできない。それに抗う道は一つ。自立することだった。自分らしい仕事を見つけ、社会的にも認められねばという想いにかられた。

その想いの背中を押したのは、バルサンたちが愛する女の装いが絶対に好きになれないし、着たいとも思わなかったこと。加えて、裕福な親に甘えて彼らが仕事をしないことにも違和感や怒りを覚えたことだった。

きっかけを遡れば母との死別、父親とは生き別れという生まれ育ち。

人からは可哀そうで不幸な少女と思われるような「逆境」にあったからこそ、普通の平凡な人間が持ち得ないハングリー精神や反骨精神がはぐくまれ、その後の苦労など、ものともしない姿勢で上り詰めることができた。

それを認めて、彼女は自らを慰める。

甘やかされた幼年時代がいかに人間を駄目にするか、後になってからわかったから、生まれ育ちがひどく不幸だったことをうらんでなんかいない、というわけである。


「良い教育にあらがうのは、よほど立派な人間でなければできないことだ。

あんな幼年時代でなければ良かったのにと思うことなど一度もない」


ごく普通に親に甘えて育った私などには、切ない言葉にも思えてならない。

そういう境遇を「幸い」であったと公言できるのも、男物の下着素材のジャージー生地を女性のドレスに仕立てたこと、喪に服すときの色とされる黒に光を当てて、シンプリシティを標榜するリトル・ブラック・ドレスを誕生させ、イギリスの伝統的な紳士服の織物生地ツイードで、女のためのスーツを生み出したということなど、ファッション革命に成功したからこそ。

勝利宣言にも思える、自らへ贈る勲章のような言葉だ。

✤ 伝説を持つ人々は、また、伝説そのものでもある。

誰にもそれぞれの人生があり、それが伝説となる、とココ・シャネルは言う。伝説は本人がつくるものであり、そこには本人だけが知る真実がある。

自分の人生が気に入らなかったら、自分でつくってなにが悪いのだろうという彼女の声が聞こえてくるようだ。

彼女は複数の書き手に自らの人生を語り、回顧録を残そうとした。

その話には多くの虚偽があったり、ある書き手に対しては、別の書き手に語ったことと真逆なことを伝えたりしていたと言う者もいる。

ちゃんとした話をしないなら辞めさせてもらいます、と去った書き手もいたという。逆に、気に入らない書き手には、支払いをして引き取ってもらったとシャネル自身が語ってもいる。

私が何冊かのココ・シャネルの言葉集をまとめるにあたり尊重したのは、心に響き、現代にも大いに影響を与えるべき言葉。それがすべて、彼女の「肉声」であることが重要だと思えた。その肉声が真実ではないことを語っていようともだ。

それらは、シャネルとの交流が深かったとされる、作家のポール・モランの回顧録と、『マリ・クレール』誌の編集長だったマルセル・ヘードリッヒの回顧録に顕著である。

いずれもシャネルの死後に刊行されたものだ。

モランは、あえて自らの晩年に刊行している。実名でシャネルによって語られる人物が存命中であると、大きな波紋が生じることにもなるのを危惧し、さしさわりを考えて、特にシャネルの存命中には世に出すことはできなかったという。

ヘードリッヒに至っては、テープをその都度、録音のために回していることを、回顧録に何度も書き記している。シャネル本人が語ったことを忠実に書き記しているという姿勢を強調しているかのように。つじつまのあわない話の片棒を担ぎたくないのだが……という気持ちが懸命なところが興味深い。

ことほどさように、シャネルが自分の人生を好きなように語り、伝説として残しておきたいという想いが込められた回顧録は「つくり話」もたくさんあるようなのだ。没後の節目節目に、これぞ真実と主張するシャネルに関する本がいくつも刊行されていく。

それらによってうわ書きされていくたびに、シャネルの伝説は、さらに伝説めいていく。没後50年を迎える頃には「神格化」の気配さえ漂うようになった。

そのことに彼女自身は驚いているだろうか、大喜びしているだろうか？

いずれにしても、彼女が「嘘」を述べていたとしても、誰が責めることができるのだろうかと、私はいつも思う。

シャネルの偉業は、彼女自身が身をもって体験したことであり、その遺産は服として残された。獅子座の彼女は、まさしく「虎は死して皮を残す」のとおりに。私たちは「シャネル化」された服を気づきもしないくらい毎日のように身に着けている。もはや、シャネルの存在から逃げ出すことはできないのだ。

２０２２年には日本でも「ガブリエル・シャネル展」が開催され、彼女が生み出した服が語るココ・シャネルの生き方を目の当たりにすることができて、それは壮観の極みだった。

自分がつくるものは芸術作品なんかじゃない。飾られ観られるものではない製品なのだから、ましてや自分は芸術家ではなく職人なのだ。と言い続けたシャネルだったが、いや応なしにそこには芸術品としてのシャネルのドレスが、スーツが、もはやまぎれもない芸術家となった彼女の生きた証しとして展示されていた。

その場で私たちは、芸術品としてのシャネルの服たちと会話をする至福の喜びに浸りながらも、女たちが身に着ける服という服の原型、規範、基盤をシャネルがつくり上げてしまっていたことに驚かされたのだった。

20世紀の幕開けとともに、新しい世紀には、新しい営みが生まれなくてはいけないと信じて、革新的な生き方を貫いたファッション・デザイナーのココ・シャネルは、20世紀という時代が生んだ伝説の人となったことを目の当たりにさせられた。

同年、スペインでピカソ展が開催された折も、彼に影響を与えたシャネルの服も展示されたことをワールド・ニュースが報じていた。

いよいよ彼女は、本人が望むと望まざるとにかかわらず芸術家であり、彼女のつくった服は芸術品となってしまったことを知ることになったのだ。

そのようにして、彼女の伝説はますます持続可能となっていく。

繰り返すようであるが、その本人が、自分の人生物語の演出・脚色を自由に行ってなにがいけなかったのだろう。

彼女が自在につくり上げたおとぎ話であり、恋愛小説であってはいけないのだろうか。


「伝説というものは、真実よりずっとすごい話でできている。

現実は貧しいから、空想というつくり話のほうが人は好きなのよ。

せいぜいわたしの伝説も永らえて欲しいわ」


伝説はドキュメンタリーとは違っていていいと思う。

都市伝説という言葉が使われるようになったのは、いつの頃からだったか。

彼女の伝説は面白すぎるし、いまだに謎めいていて、よってなぞ解きを試みるクリエイターが後を絶たない。嘘めいているから謎解きもしたくなるのだ。

面白くなくては伝説にはならないと思って、面白くするために話を「盛る」。

幾多の苦難をも乗り越えた女の話は、嘘か真か文句なく面白い。

彼女の肉声に身を任せて、面白がってあげるしかないのだ。

「わたしの伝説ときたら、パリの人から田舎の人から、
馬鹿者も芸術家も詩人も社交人士も、
みんなで寄ってたかってこしらえあげたもの。
諸説あって、入りくんでいて、簡単かと思ったら複雑で、なにがなんだかわからない。
迷ってしまう。
その伝説ときたら、事実を曲げているだけでなく、
ありもしないことをつけ加えているし」

とまで言うのだから、恐れ入る。

永く世に面白く伝えられるような伝説づくりのために、登場人物を揃え、事件とも思えるほどにセンセーショナルな仕事を発揮し、人とは違う唯一無二の人生を織り成したといっているのである。

だからこそ、彼女の人生と言葉に対して、これ嘘じゃないか？　と思ったときは、もう彼女の挑発にはまり、もっともっと彼女のことを知りたくなっているのだ。

さあ、先に進もう。

Chapter 2

逆らうことの面白さ

誰かに言われてする仕事ほど、つまらないものはない

いったいわたしはなぜ、
この職業に自分を賭けたのだろうか。
わたしはなぜモードの革命家になったのだろうかと考えることがある。
自分の好きなものをつくるためではなかった。
なによりもまず、自分が好きなものを流行遅れにするためだった。

❖

ファッション・デザイナーという職業はどんな仕事ですか？　と聞かれたら、自分の好きな服をつくる仕事ではあるが、次のシーズンにはそれを流行遅れにするという仕事でもあると、トランプ・ルイユ（だまし絵）を描いてみせるように、いわくありげな言葉で人を挑発して惑わすココ・シャネル。

関わる者は、一筋縄ではいかない彼女に手を焼く。教養のある男たちは、そんな彼女を面白がって愛さずにはいられない。

いうなれば彼女のつくる服は、しばらくすると「嘘」をつき始めるということにもなりそうで、女たちは女たちで、面白がって新しい服に真実があるだろうと思い、それらを着る。彼女のつくる服に「だまされ」、それを愉しんだ、ということになる。

アナーキーに、センセーショナルに、それまでのファッション感覚を壊すこと、風穴をあけることをしたシャネルは、自身のつくる服にもその都度、革命を起こさなくてはならなかったのだ。

「バタフライ・エフェクト」の震源地みたいなココ・シャネル。

しかし、最高のデザインを生み出しても、次にはそれを打ち消さなければならない仕事には、寂しさも漂うことだろう。それがファッションを生み出すという仕事なのだとしたら、それは「嘘つき」と同じではないか。それでいいのだろうか。

「モードは殺される運命にあり、わたしの仕事はモードの殺し屋」

というキラーワードで、考え深いシャネルだから自分には正直でいたい気持ちも相まってか、自らを「モードの殺し屋」と言ってみたりする。軽妙洒脱《けいみょうしゃだつ》である。

自戒の念も込めていたのだろうか。

望んでいたことができるようになって、社会的にも認められるようになり、守ることが多くなればなるほど孤独感は強まるものだ。

まだ失うものがない頃はそんな感情とは無縁だが、彼女の場合は、幼少の頃から孤独に寄り添っていくことへの覚悟が、人とは比べものにならないほどあっただろう。

それでも抗しがたい孤独感と闘ったのは、71歳にして奇跡の復帰を果たした時期に顕著となっていく。

それらについてはこの後の章で子細に触れていくが、例えばこういうことがあった。

シャネルが敬愛した女優の一人に、ジャンヌ・モローがいた。また、シャネルがつくる衣装に魅せられ交流が深くなったロミー・シュナイダー、デルフィーヌ・セイリグといったフランス映画で人気を博した女優たちもいた。その中でもモローの出演作品に多くの衣装をつくったシャネルだった。モローが出演したフランス映画は名監督の作品が多く、シャネルはその制作にも一役買っていたことになる。

モローと同世代の映画監督たちは、ヌーベルバーグの旗手と言われる気鋭の存在で、未来を感じさせる芸術家がつくる映画の支援にシャネルは熱心だった。

ルイ・マル監督の『死刑台のエレベーター』『恋人たち』（いずれも1968）、ロジェ・バディム監督の『危険な関係』（1959）などで、モローのいでたちはシャネルがつくったオリジナルであった。

そんなモローが、ファッション・デザイナーのピエール・カルダンと親密になったことだけで、シャネルは裏切られた気分になりモローと絶交する。

ジャンヌ・モロー演じる社長夫人と愛人が企てる、夫殺害の計画の顛末。マイルス・デイビスのストイックなメロディー、モローが装うココ・シャネルの黒、まさにフィルム・ノワールの世界が凛として映える。

『死刑台のエレベーター』監督　ルイ・マル／出演　モーリス・ロネ、ジャンヌ・モロー、リノ・バンチェラほか／1958年／フランス／92分／モノクロ革新的デザイナーとして、プレタポルテ（高級既製服）をいち早く手がけ、60年代のモードを牽引《けんいん》してきたカルダン。

シャネルとは孫ほどの世代差がある、新たな時代の寵児《ちょうじ》となったカルダンとそのデザインに、モローが惚《ほ》れこむことに怒りを覚えたのだ。

嫉妬と孤独はセットになっている。

孤独は、大勢と一緒にいれば安心というものではない。

人に裏切られたと思うとき、出し抜かれたと感じるとき、なによりも彼女の孤独は高まっていく。まさにモローとカルダンに「殺《け》された」形になったシャネル。

自分を残して去っていった男たち。父親から始まり、死別した恋人たち。彼らとの別れが脳裏によみがえり、彼女をさらに孤独の世界へと導く。

ひたすら布に触り、鋏《はさみ》で彫刻家のように服をデザインし、新たな作品を生み出すことに打ち込んでいった。

仕事に賭けた彼女の孤独力を追体験してみよう。

自らの情事を互いに語り合い、悦楽を高める夫婦。自由奔放な恋愛遊戯の悦楽がもたらす悲劇。ココ・シャネルがモローの衣装を制作。シンプルなドレスに華やかさを加える、ブローチが印象的。

『危険な関係』監督　ロジェ・ヴァディム　出演　ジャラール・フィリップ、ジャンヌ・モロー、ジャネット・ヴァディムほか／1959年／フランス・イタリア合作／107分／モノクロ

❖ 装うことは素敵。けれど装わされることは哀しい。

自分らしいファッションをコーディネートして出かけられることが当たり前になって、女は誰のために装うのだろう。ふと、いまさらながら思ったりする。

誰とも会わない日だからといって、寝て起きたままの格好でいるなんて、自分の人生を自分でつまらなくしているだけではないか。

そう、装いが自由になっているいまの時代こそ、自分のために自分らしく着こなしを楽しむ。それは生きていることの証しそのものだ。

日本においての健康寿命が女性のほうが長いのも、歳を重ねても女は装うことをあきらめないからに違いない。とても重要なことだ。

衣食住という言葉の中でも「着る」こと、「装う」ことが優先されていて、その重要性を標榜している。服は第二の皮膚であり、誰もが毎日着がえることができるのだから、人生をいくらでも豊かにできるはず。

また、ファッションを着こなすことが自在になれば、なりたい自分に近づけるということにもなる。

この楽しみがなくなったら、人生どれほどつまらなくみじめで哀しいか。ココ・シャネルの仕事も、世の中、哀しい人生を送る女たちばかりであれば必要がなくなってしまう。

余談ではあるが、私の苦い経験をご紹介したい。

多感な高校時代の青春を公立高校の制服で過ごし、美大をめざしていた私は、夏休みに行われる受験前の、めざす美大の講習会というものに出かけ愕然《がくぜん》とした思い出がある。

一緒に受験する親友が有名な私立女子高校に通っていて、私服で通学する彼女たちの着こなしを目の当たりにしたときである。

「負けた」と思った。私服の女子高生たちは口紅などもつけ、毎日取っ替え引っ替えの自分らしい装いに慣れていることが見て取れて、もうすっかり「女」なのである。美大志望だけにセンスもそれぞれに際立っていて、そこには「自分」があった。

そのときの衝撃は筆舌に尽くしがたい。

ファッションのセンスは、一朝一夕に身に付くことはないものだと思う。私だって、小学校までは母親がおしゃれで、いつもクラスの仲間とは違う格好をさせられていた女の子であった。なんとなく得意な気持ちで登校し成績もかなり上位だった。

中高からは公立に通い制服人生。毎日同じ格好。似合っている女子生徒はいいけれど、こちらはまったく没個性にしか見えない。映えないのだ。「自分」らしさの出しようもない。しかも数着を着替えて美しくしていようとは母娘とも考えていなかったせいか、着たきり雀《すずめ》。ホコリっぽくて気持ちも晴れない。モチベーションが低いから成績にも影響してくるように思える。制服のせいで志望校は、高校、大学ともに逃した。ちなみに私服の私立女子高の親友は志望の美大にみごと合格した。この失敗は制服にあったといまも思う。幸いにも親友との交流はいまも続いており、おしゃれ談義に花を咲かせている。

長くなったが本題に入ろう。

とにかく、お仕着せの格好にあわせるくらいなら〝死ぬのがいいわ〟とシャネルに諭される思いである。

しかし、そんな時代があったことを知っておかなければならない。

男好みの服を着て社会からはみ出さないように、女がしつけられてきた時代。

ココ・シャネルがファッション・デザイナーとして腕を振るう前までは、女は皆、男の目、世間の目を気にして装っていたのだ。まるで檻《おり》に入れられたまま、お仕着せの衣装をまとわされていることに近いではないか。

その常識を打ち破るために、彗星のように躍り出たのが、ココ・シャネルという女だった。

「わたしは女の身体を自由にした」と公言、女の服を「黒一色にしてみせる」と宣言し、「衣」

の世界に革命を起こしたジャンヌ・ダルクのような存在となった。女の服のそれまでの概念、価値観について気に入らないところは全部破壊する。

「モードの殺し屋」を自負して、大立ち回りをしまくったアナーキストのような存在となった。彼女がいてくれたから、いま私たちも、自分らしい装いを楽しむことができる自由を手にしたわけである。

いまも、男目線というより、「みんなが着ているから」ということで自らの着こなしを他者に任せているようなら、シャネルを欺くことになる。

そんな、哀しい人生を選ばないようにしたい。

✣ わたしは実用的で、しかも素敵な発明によって世間を挑発した。

自分が生み出す服は売り物、製品にすぎないと言いながら、しかし、それを「素敵な発明」とも言うココ・シャネル。

実用的で、素敵な発明品がシャネルの服だと言うのは、言い得て妙である。

20世紀を代表する劇作家、バーナード・ショーに言わせると、「20世紀最大の女は、キュリー夫人とココ・シャネルである」と評価した。

キュリー夫人は放射線の発見など偉大な功績を遺した科学者である。その言葉に反応したのかはわからないが、ココ・シャネルも自らを発明家と自負してみたのかもしれない。

コルセットで身動きをとりにくくした引きずるような長いドレス姿が、男たちから「女らしい」と称賛された時代。その価値観から逸脱し、男の下着素材のジャージーを使って、動きやすく活動的なドレスをつくり、自ら着てみせる。

それに人気が集まり注文が相次ぐ。成果を手にしてシャネルは勝利宣言。

「わたしは女の肉体に自由を取りもどさせた」

ジャージー素材を使うことのきっかけはと言えば、時代のニーズを先取りしたこと。念願の帽子店「シャネル・モード」をパリのカンボン通り21番地に開店するや人気が出て、その勢いで、婦人服のブティックをドーヴィルに出店。ファッション・デザイナーとしてデビューした矢先、第一次世界大戦が起きる。

服地となる素材が枯渇して、同業者はそろってお手上げ状態。そんな逆境を逆手にとって、非常識とも思える男性用下着の素材を使って女の服をつくった。

始めた仕事をどんなことがあっても持続させようという窮余の策から生まれたのが、ジャージー・ドレスだったのだ。

チャンスを逃さないシャネルの発想は抜きんでていた。運が強いこともあるが、その運を逃さないという機知に恵まれていたのだ。

動きやすく働くこともできる機能的なジャージー・ドレスは、戦時中、労働を余儀なくされた上流階級の貴婦人たちにも貢献した逸品となった。

実用性の中にもエレガンスがあり、高貴な女たちのお眼鏡に適ったのである。なによりそれを着て新しい女性像を象徴するシャネルの姿に羨望が集まり、勝算を呼んだのだ。

「ショートカットが流行ったんじゃない、わたしが流行ったのよ」の、彼女の有名な豪語にならえば、自分を際立たせるようなニューモードを発明しては、まずは自分が着てみせて流行らせる。すべからく、自分がいつも流行っていたといってもいいくらい。

その創造の思いつきは、共通して「男」に対しての挑戦でもあることが見え隠れするから、また面白い。

男物の下着素材のジャージーを使うこと、女らしいカラフルな色を排除した黒使いのドレス、男物のスーツのツイード素材を女のスーツに使うことなどなど。

男から、「男らしい」ものを「盗む」ことを試みて、ファッション界と世間を挑発したシャネル。それまでにないものを生み出すことを「発明」と言っていいなら、彼女は真の発明家でもあったのだ。

❖ 奇抜さはドレスではなくて、女性の中になくてはならない。

女を美しく際立たせるためのドレスをいかに奇抜にしても、中身が伴わなければ意味がない、輝くわけもないと、シャネルは言う。

この言葉は具体的な人物に向けられた言葉だった。

シャネルが頭角を現す以前に、すでに注文服を仕立てることでは定評があり、上流階級のソサエティからも「御用仕立て屋」の名を欲しいままにしていたクチュリエのポール・ポワレ。その人が標的である。

ファッション界での中心的人物であり、絶対的権力も持っていた「大物」デザイナーだ。フランスが誇るパリ・オペラ座にも出入りしていて、衣装デザインも手がけていた。そんな高名な彼のつくるものを、古臭いとして嫌悪するココ・シャネル。

新進気鋭のデザイナーであったシャネルだったが、恐れることなく噛みつく。

実はコルセットを外して動きやすい服を考えたのはポアレが先だったのだが、女として、女の身体を自由に動きやすくしたのは自分であると喧伝《けんでん》して、シャネルは「本歌取り」に成功する。

ヒントはどこにでも転がっていて、それをいかに開花させるかが才能であり、それによって勝負ができるというものだ。もちろん、先達にはリスペクトを感じつつであって欲しいが。

やったもの勝ち、プロセスより結果で評価して欲しい、という現代的で合理的な価値観で、常になにごとにも挑んでいくのがシャネルだった。

ポワレのつくる装飾的でエキゾチックすぎる奇抜なデザインは、あくまで男から見た女性像を形づくるとしてこき下ろす。

「ドレスは変装ではない。舞台衣装でもない」

大袈裟《おおげさ》すぎるファッションを、変装だの舞台衣装だのと言いたい放題。

そんな装いで女を喜ばせることに不快感を覚えたシャネル。欲しがる女たちにも怒りに似た想いを募らせる。

20世紀の女は、社会の中でただの飾りであってはいけない。新世紀では男たちと同じように仕事を持って自立していくことをめざすなら、機能的で動きやすく、シンプルで余分なものをそぎ落とした、凛《りん》としてかつエレガントな装いが必要。まず、自分がつくって着てみせよう。

有言実行の仕事人ぶりに女たちは鼓舞され、彼女のつくる服のファンになっていった。

そんなとき、シャネルにとってポワレの存在はわかりやすい絶好の負のサンプルでもあった。彼を仮想敵にして、ますますモチベーションをあげていく。闘うことが大好きで、まさにそういう生き方だったシャネル。

同時にこの言葉は、女を磨くことはただドレスに頼ることではない、とも言っている。だから、注文をしてくれる女たちにも容赦はしない。手厳しいクチュリエであった。

❖ 競馬場からわたしのファッションは生まれた。

成功したココ・シャネルを遡ると、自分らしい彼女の生き方のスタートラインは、エチエンヌ・バルサンとの出会いであった。

彼は多くの競馬用の馬を所有する厩舎を持つ男。

シャネルも馬は美しい生き物だと憧れていたという。

そこに身を置くようになった頃は、シャネル自身、その環境がその後の自分の職業や生き方の決め手になるとは思いもしなかったことだろう。

「馬の世話係」だと言われている、「変わり種」の少年のような女、シャネル。馬もみごとに乗りこなしてしまう。それにはほかの女が考えもしない方法があった。

それまで横座りしていた女の乗馬スタイルに逆らって、男と同じように馬にまたがることが可能なパンツを手づくりする。

それを身に着け、さっそうと走ってみせた。しとやかさをわきまえない女と見られることさえあるのに、その点は恐れを知らない女だった。

このことで、バルサンと取り巻きの男たちには大うけ。お転婆な女は新鮮で、ほかの多くの女たちに差をつけた。

男顔負けの印象で、それを魅力の一つにしていくことに、はからずもシャネルは成功する。

競馬場にもデビューを果たす。

彼女が入り込んだ競馬場という世界は、まさしく上流階級の人々が集う社交場。最高峰の裕福な人々が毎度顔見世をする舞台のような場所。

競馬に出す馬の持ち主であることも、男たちのステイタスであった。

見映え良く足の速い馬を所有することが、なにより金持ちの自慢でもあった。

馬と同様、裕福であることの証しとして、美しく利発な愛人を見せびらかす場でもある競馬場。

現代のようにＳＮＳがあるわけではないので、その場でのリアルな印象や評判が口コミで広がっていく。

美を誇る高級娼婦や女優たちの、人目を惹く着こなしが競われた。

シャネルはもっとも自分らしいボーイッシュないでたちで、バルサンとともに競馬場に出入りしていたのだが、とにかくこの個性的な生き生きとした若い女は何者なのかと噂されたという。

新しもの好きで、遊ぶことが仕事代わりの、貴族や富裕層の男や女たちの好奇の目に触れ話題になったのだ。

帽子から始まり、集まる女たちのドレスを思うままに変えていこうという、シャネルの野望に火をつけた競馬場。この華麗なる怠惰の世界に鉄槌《てっつい》を！　という想いだったことだろう。

ファッション・リーダーよろしく、まずはつくった服を着てアピールしていく。

そこはまさに、彼女にとってのファッション・ショーの「ランウェイ」のような最高の場となったのだ。

ちなみに馬、競馬場と認識したら、また妄想もうごめいてしまう。

Cのイニシャルを二つ組みあわせた彼女のブランドマークは、シャネルと彼女の最愛の恋人だったボーイ・カペルのイニシャルを組みあわせたものと言われているが、修道院時代の建物にあったマークをデザインしたという説もある。

が、もしかしたら馬の「蹄鉄《ていてつ》」を意味するデザインではないかと、私は勝手に想像を巡らせてみたりする。

Cが二つ、前足か後ろ足か？

シャネルに聞いてみないと真実はわからないが。

「それでも、馬がわたしの人生を決めたというのは嘘じゃない」

と言うのだから、そんな気がしてくるのも道理だ。

女はありとあらゆる色を考えるが、
色の不在だけは考えが及ばない。
黒はすべての色に勝るとわたしは言ってきた。
白もそう。
二つの色には絶対的な美しさがあり、完璧な調和がある。

❖

女性を美しく見せる色は赤やピンク、そして花柄……。普遍的に女性が好み、男たちもそれを「女らしい」と思い込んでいる。

つまりは、赤やピンク、花柄を選ぶことに、女たちは迷いがなく、なにより安心感がある。「無難」の一言。でも、誰の目を意識してそう考えるようになったのか。誰がそう決めたのか。男たちの陰謀ではないのか。性差別の色ではないのか。

シャネルが活躍した時代、女の色として常識だったモノトーン以外のきれいな色たち。シャネルは言う。ゴテゴテとした色柄を身にまとう女たちが大勢集まる劇場に行き、上の階から見下ろしたとき、それはお花畑の風景になって見えたと。一人ひとりの個性はなく、満艦飾《まんかんしょく》の女たちは醜悪の極みだったと。

「素敵な花柄のお洋服ですこと」「きれいな赤のドレスね」という称賛にはいい気にならないほうがいい、と私は常々思ってきた。人にもそう言わないように心がけているつもりなのだが。

なぜなら、それは服を褒めているにすぎないから。

服は装って初めて活かされるもの。それなのに、なぜ女の顔を埋没させるような主張の強い色や柄を着たりするのか。そう思うと怒りさえ感じていたというシャネル。

それにひきかえ、黒という色は絶対的な美しさがあるという気づきに至ったのだ。

もちろん、彼女が生まれた土地では、農家の女たちが黒い質素な服を身にまとい労働をしていたことも脳裏にあったと言う。

黒が女の顔立ちを美しく見せるのは葬式のときの喪服でも証明されているし、男の紋付き袴《はかま》という日本の伝統的正装や、欧米なら男たちのタキシードもそうで、男も女もいつもとは違う「格」上げされた姿に見える。

そこに目をつけたシャネル。

一方では、男たちは黒を自在に着回しているのに、女が黒を着るのは葬儀のときだけでは不平等ではないか、という気持ちもありそうだ。

また、最愛の恋人アーサー・カペルが事故死して、永遠の別れを刻印されたシャネルの心と身体は、喪に服す想いを抱き続けてもいたはずだ。

自分に降りかかった不幸とカペルへの鎮魂の想いを込めて、すべての女たちに黒を着せてみたいという気持ちになったのかもしれない。

シャネルが10代を過ごしたと言われる修道院時代のシスターたちは、黒と白のモノトーンの「制服」で人生を歩んでいた。その敬虔《けいけん》で清楚な姿から、女性本来の美しさを惹き出す色は黒と白という気づきを得ていたという。結果は大成功で「金持ちを貧乏にした」という批判もあったが、大ヒットとなった。

シスターにひきかえ金持ちの女たちは、思い思いに虚飾に満ちた派手さの極みを見せつけながら装っている。なんと醜くあさましいのだろうと感じ入ったのかもしれない。

彼女のファッション改革の代表作として知られるリトル・ブラック・ドレスは、このような発想から生まれた。

国際映画祭の中でも、独自の美意識を発揮してやまないカンヌ国際映画祭では、レッド・カーペットの花道の両脇はタキシードがドレスコードとされ、それを厳守したカメラマンが鈴なりになる。

その黒一色に埋め尽くされるスペースと、赤のカーペットの組みあわせは圧巻で、その花道を通るスターたちが浮き上がる。

彼ら彼女らも黒のタキシードやドレスが原則で、その夜の上映会のたびに正装して入場することが定められている。夜の上映会なので、映画といえども「ソワレ（夜の部）」とされ、オペラと同じようにイブニングドレスなどの正装でというお約束も固い。

なんともこだわりに満ち満ちた、エレガントな演出だ。服を着ること、ファッションへのこだわりが世界一と言っても過言ではないフランスの美意識が見て取れる。

シャネルがリトル・ブラック・ドレスにこだわったのも、タキシードなどの男物の「正装」着を、女が日常でも着こなせるようにしたかったからだと言えそうである。またまた男物からのインスパイアだったのか。

そしていま、私たちが黒を活かしたいでたちで大いにおしゃれを楽しむ時代へと繋がっている。これからの未来も、持続可能な色は黒と白である。

ちなみに、女性の象徴的な色として認識されている「赤」は、実はシャネルも大いに気に入っている色である。50歳を迎える頃に制作された素晴らしい「赤一色」のイブニングドレスの数々が「ガブリエル・シャネル展」で展示されていたが、１００年近くを経たいまでも斬新の極みであった。

あくまでも装飾を排除した機能的で動きやすくシンプルなデザイン。しかし、感嘆するほどのエレガントさが凛として漂い、媚びない赤の力が具現化されている。

「赤、それは血の色であり、われわれの体内にはたくさんの血が流れているのだから、
それを少し外に見せる必要がある」

とシャネルは言う。

シーズンごとのコレクションでは、赤の服は、彼女のお気に入りの数字「5」にちなんで、5番目に登場することが多かったそうだ。

大地の色、血の色、いずれも生命力溢れる力を持った色を際立たせる、シャネル独自のセオリーが込められたものであろう。

❖ 黒一色にしてみせる！

彼女は宣言した。絶対的な美しい色は、黒。

ゴテゴテとした「女らしい」とされている服を脱ぎ捨てて、黒のドレスを着てみて欲しい。美しいあなたがそこにはいるでしょう。という意味を含んで。

リトル・ブラック・ドレスを1926年にファッション誌『ヴォーグ』で発表。

斬新で無駄のない発想は、アール・デコの時代の潮流をも受けとめたものに思える。前年に「パリ万国博覧会（パリ国際アール・デコ展）」にシャネルも出品しているとなると、それまでの多くの芸術や建築においての精神、美意識、価値観を標榜していたアール・ヌーボーを、全面的に否定するアール・デコ的モードを生み出すのは必然的なことであっただろう。

贅肉《ぜいにく》を削ぎ落とした、ストイックなシャネルの「製品」は、まさにアートだ。

アール・デコ時代の斬新なおしゃれの極みが、リトル・ブラック・ドレス。

その斬新さは驚きを招き、批判もされる。


「貴族階級を貧乏に見せることをしたと、悪口も言われたわ」


現代では、おしゃれで都会的な女をイメージさせるアイテムとして、多くのアパレルブランドで定番となっている。

1960年代、フランスのセックス・シンボルとして、国民的ブームとなって輝いていたブリジット・バルドーのブラック・ドレスの着こなし方は極めつけだ。

アクセサリーは着けない主義。宝石も必要ない。なぜなら自分自身が宝石なのだからと主張する彼女は、シンプルなことがファッショナブルであることを見せつけた。

もう一人、黒で思い出すのは、再び女優ジャンヌ・モローのこと。

フランソワ・トリュフォー監督作品『黒衣の花嫁』（1968）では、結婚直前だった婚約者を死に追いやった男たちに次々と復讐をしていく女を演じたモロー。復讐のターゲットの男たちは、誰もが彼女の美しさに惹き寄せられてしまう。彼女の黒衣の姿はひときわ美しく、衣装担当は、かのピエール・カルダンなのだ。

つまりシャネルは、後発のファッション・デザイナー、カルダンに出し抜かれたことになる。敗北感や孤独感に見舞われるのも、こういうときだろう。

そのカルダンと公私をともにし始めたモローの心変わりに、裏切り者だと腹を立てて絶交したというシャネル。

もう彼女には絶対に服をつくらないと決めた原因は、この映画にあったのかもしれないと気づかされたのは最近のことだ。

もともとシャネルが復帰した71歳の頃、ヌーベルバーグの旗手と言われた新進気鋭の若き映画監督たちがフランス映画界に次々と登場する。

シャネルが復帰後に発表した最初のコレクションは、フランスで惨憺《さんたん》たる評判となった。「古臭い」「亡霊」「お年寄り」という印象を持たれてしまう。

悪意にも満ちていたマスメディアの物言い。シャネルは世代が確実に交代していると気づかされる。

反してアメリカでは高い評判を得て、世界的に知名度も広がっていったのだが。まだ神には見放されていないようだとばかり、運気がみなぎる。同時にTV出演や、新しい映画が生まれる機運を逃さず、衣装提供や提案をしたりして「シャネル」ブランドを印象づけていったのだ。

セルフプロモーションの達人であると評価するより、まずは彼女の衰えない若さのなせる業と感じ入りたい。

「わたしは、これから起こることの側にいる人間でいたい」

という、私も大好きな言葉が彼女の精神そのものであり、偉大なる好奇心は留まるところを知らなかった。

しかし、残念ながらこのトリュフォー監督の仕事からは、仲間外れにされた形のシャネル。黒で多くの女たちの心を捕らえたシャネルが、思わぬところで黒の打撃に見舞われるという因縁もまた、興味深いばかりである。

この頃は80代になっていたのだから、カルダンに負けたのではなく、「若造」のお手並み拝見と考えられないものなのか。

皮肉にも、いつまでも若々しいシャネルの魂が、ますます孤独感を呼び覚ますということにもなるのだった。

しかし、話はまだ終わらない。シャネルは反撃ともいえそうな行動をとっている。同年に制作されたトリュフォー監督の『夜霧の恋人たち』に出演したデルフィーヌ・セイリグの衣装をつくっているのだ。『黒衣の花嫁』公開の半年後に本作は公開された。まだまだ現役であることを見せつけることになった。負けたままということは、ことシャネルの人生にはありえないのだ。ちなみにモローもシャネルの葬儀には参列したという。決裂するようなことがあっても誰もがシャネルにはリスペクトを忘れない。

❖ なぜ、美しい宝石に気をとられるのだろう。首の周りに小切手をつけているのと同じことではないだろうか。

女ならば宝石に夢中になって当たり前。それを男から贈ってもらえれば自分は特別な存在になった気持ちになれる。

それは、宝石がキラキラと美しいことだけではなく、高価なものだから。

それを贈られる価値、身に着け見せびらかす喜び、なにより、自分に自信を持たせてくれるものが宝石だから、と女たちは思うことだろう。

愚かなことだと、シャネルは言う。

男が女を自分のものにするときに贈られる宝石は、その代償にも似た存在であるとシャネルには思えてならなかった。

ましてや、それをネックレスとして首の周りに着けて喜んでいるなんて、あさましい限りではないかと。

宝石とひきかえにその男の言いなりになんかなるものかと逆らうのは、シャネルだけなのだろうか。

確かに高価で、きらびやかな宝石を贈ってもらえたら、正直誰だって嬉しいはずだ。

ただ、そのお返しはどうすればいいのだろう。やっぱり、シャネルの言うとおりなのだ。

高価な宝石をプレゼントすれば、女は男の言いなりだと思われること自体、腹立たしい。

なにごとにも言いなりになるのが大嫌いなのが、シャネルという女なのだから。

しかし、シャネルに贈り物をする男たちは絶えなかった。

当たり前の、男の「おもてなし」なのだから。

ルビーやエメラルドが人気で、男たちはおつきあいしたいという意思表明のためにも宝石を差し出してくる。

ロシア革命が起きて、多くの貴族たちがフランスに亡命、文化人たちも大挙してパリに滞在するようになる。知りあって親密になったディミトリー大公から高価な宝石をプレゼントされたシャネルは、新たな創作のインスピレーションを得る。

イミテーション・ジュエリー（ビジュー・ファンテジー）の発想が湧きあがる。

贈られたネックレスをバラバラにして、オリジナルな「偽物」とミックス。

新たなファッション・アイテムを誕生させたのだ。

偉大なるジュエリーへのオマージュとも言える、クリエイティビティ溢れる創作。大胆な発想でリメイクされたネックレスは斬新で、シャネルはまたまた素敵な「発明」を世に打ち出すことになる。

自分がつくる偽物は、本物よりもずっときれいだ。と誇らしげに言う。勝利宣言にも思えてならない。オリジナリティ溢れるイミテーション・ジュエリーはオリジナルな創作品なのだから、高価な商品として人気を博した。

その後、恋愛関係となったイギリスのウエストミンスター公爵から贈られた数々の宝石もアレンジしてしまったという。

✣ ジュエリーは、自分を金持ちに見せるためにつくられているのではなく、着飾った雰囲気を出すためよ。

緑が美しいエメラルドは憧れの宝石だ。

これをイギリスの長者番付ナンバー・スリーに数えられる富豪、ウエストミンスター公爵から贈られたとき、彼の所有するカティ・サーク号の船上にいたシャネル。月夜にかざしてみたエメラルドはたいそう美しかったという。

シャネルはその宝石を、贈り主の想いなどお構いなしに海に投げ込んだというのだ。

とにかく、人を魅了する宝石を忌み嫌ったシャネル。

高価なものだから、と自慢するためにギラギラと着けて見せつけることも嫌悪した。

映えるアクセサリーで着飾るときは本物の宝石など無用。洗練され斬新なアクセサリーとは。偽物の宝石でつくったネックレスに、そういった思いを込めて、世に打ち出したシャネル。

彼女のメッセージが込められたイミテーション・ジュエリーは、その意味を放って輝いていたことだろう。

✜ わたしが着けると本物も偽物に見える。

彼女自身が着こなしたリトル・ブラック・ドレスに良く映える、重連のパールのネックレス。このときすでに、シャネルは50代だったそうだが、唯一無二にも思える洗練されたみごとな美しさは圧倒的である。

ドレスの黒とパールの輝き。シンプルさの中に、究極のエレガンスを魅せる。シャネルお気に入りのスタイルは、ハリウッドに渡り映画の仕事に関わったときに撮影されたものだという（本書のカバーに使用しているカットもその一つ）。

何連ものパールのネックレスは本物か偽物か！　もちろんイミテーション・ジュエリーであるはずだが、本物と偽物のパールの粒を混ぜているのか、あるいは時折本物を着けたりもして惑わすシャネル。

そんないたずらめいたこともおしゃれのうち。

ルイ・マル監督のフランス映画『恋人たち』に主演したジャンヌ・モローの衣装をいくつもつくったシャネル。その中でも究極の着こなしを披露して、当時発禁本にもなった原作のきわどさや、映画の秀逸さと美意識を高めることに一役買った。

モローは、若い恋人と愛を交わすベッド・シーンで、シャネルのパールのネックレスを重連にし、全裸を披露する。

その衝撃的でエロチックなシーンはあまりに過激で公開時には物議を醸したと言われるが、シャネルのおしゃれなエスプリ（精神）が溢れていて、映画とモローの品格を美しく描いている名作だと思える。

ヌーディーなその「着こなし」こそ、シャネル・スタイルの神髄とも思えて拍手したくなるほど。

パールのネックレスの究極の身に着け方を世に打ち出したシャネル。

向かうところ敵なしの才能に溢れている。

❖ 出かける前に、なにか一つ外したら、あなたの美しさは完璧になる。

ファッションに関わる人たちの間では、これがおしゃれの極意とさえ言い伝えられているシャネルの金言！

大事な打ちあわせで勝負を賭けるとき、今日こそ愛を打ち明けなくてはいけないとき、大勢が集まるパーティで埋もれないようにしなくてはという気負いがあるとき、意気込みがあればあるほど、人はプラス思考で装うもの。

心理学的にも、なにかを得たい、いまより得をしたいというときには、「味方」だと思い込んでいるアクセサリーや、派手な服などを身に着けると安心することも事実。

そこを、出がけに全身を見直してなにか一つ外しなさい！　と言うのだから、これは結構な難題である。

だって、「キマっている」と思うからこそ、出かけようとしているのだ。そのときにあえてなにかを引き算するというのは、なかなかの難題もいいところ。

それが難なくできるようになったら、あなたも着こなしの達人。

おしゃれって、そういうことなのだ。

❖ 香水は、贈られるだけでなく、自分のために買うものです。

「自分へのご褒美」という言葉はなかったにせよ、自分のために香水を買うことを奨励するなんて、１９２０年代では、まだ衝撃的なことだ。

財力を男に依存していた時代には、女は自分のために香水や宝石といった高価なものは、まず買えなかった。

妻や恋人への最高の贈り物として販売されていたのだから、購入ターゲットも男だったと言える。

贈られるものはもらっておいてもいいかもしれないが、自分が自分らしくなる香りを自分で選んで購入して、身に着ける。

それが20世紀の新しいおしゃれな女性像であることを、「No.5」という香水をつくって売り出したシャネルは伝えた。

香水は女にとって重要なおしゃれアイテム。

異性と会うときや、さらに親密に愛を交わすときなどの、大人の女としての証しでもあるのだから。

エロチックで挑発的な自分の香りが、贈った男の好みであっては悲しい。

自分だけのお気に入りの香りを自分のものにしましょう。

シャネルは女たちを煽《あお》った。

同時に、女も香水くらい買えるように仕事をして自立しなさい。

自由な女は男に頼ることなく金銭面でも自立していないといけない。

仕事を持つということは、お金を自分で自由にできるということなのだ。

シャネルは生み出す製品にその想いを込めたことだろう。

男の言いなりにならない「No.5」は、飾り気のない実用本位のようなガラスの容器が特徴で、当時、実に斬新な印象だった。これも20年代のアール・デコ時代が生み出したデザインであると言える。

その媚びないストイックさはアート作品のようで、アメリカのMoMA（ニューヨーク近代美術館）にも殿堂入りしている。

アール・ヌーボー時代の装飾的で文学的でポエムのような表現の名前を冠した香水を、古臭い、時代遅れだと消滅させるほどの勢いで、シャネルの香水はデビューした。

身に着けると、すぐさま消えていくのが香水だと思われていたが、シャネルの香水は、それまで誰も試みることのなかった有機化合物を混合。香りが持続することも、当時はほかに類を見なかったのだ。

香水には自分の体臭と混ざりあい、自分らしい香りが生まれるための十分な持続力が必要なのだから。

本当に発明家のように功績を重ねていくココ・シャネル。

エルネスト・ボーという、ロシア皇室ご用達の調香師と言われた専門家との出会いを得て、唯一無二の香水を誕生させるに至った。彼女自身が完成後に、ボーには本当に苦労をかけたものだと吐露するほど、思いの丈を彼に投げかけ、世界一高価な香水をつくることをめざした。

その想いを彼女は、ベージュと黒の製品カタログの中にメッセージにして込めた。

「洗練されたセンスをお持ちの、選び抜かれたお客さまのものでなければいけません」

当初はカンボン通りの店とドーヴィルの店で顧客のためだけに販売された。

その後、香水の会社設立に伴い、第二次世界大戦終結の時にも、戦勝国の兵士たちの高価な土産物として重宝され、負けを知らないロングセラーのアイテムとなって、いまに至っている。

ハリウッドで人気絶頂の、スター女優マリリン・モンローが、「寝るときはシャネルの『No.5』を着ている」と発言したことも有名だ。

この影響力は絶大で、シャネルが企まなくても、本物だからこそ必然的に評価は高まり広がっていく。

シャネル自身はシャネル・スーツにたっぷりと染み込ませ、彼女が近づくとすぐわかると言われるほど愛用していたのだ。

彼女のつくるものは、すべてまずは自分がつくりたいものでしかなかったのだから。

❖ バッグを手に抱えていると、なくさないかと気になるのが嫌になって、バッグに革紐を通して肩にかけた。

シャネルの永遠不滅《えいえんふめつ》のショルダー・バッグ、「シャネル2・55」。これを世に出したのは1955年、彼女が15年近い休業から71歳でカムバックした翌年のことだった。

キルティングを活かした高級感のあるバッグで、ショルダー部分がチェーン、シャネルのロゴマークの留め金が際立つ。

ツイードを活かしたシャネルのスーツにマッチするショルダー・バッグである。誰もが憧れるエレガントなステイタスを感じさせる存在だ。

しかし、このバッグ以前に、シャネルはショルダー・バッグの必要性を感じていて、1920年代にリトル・ブラック・ドレスに次いで考案している。

シャネルが革紐《かわひも》を通して肩からかけてみせると、「それ、いいわね」と女たち。

手に持ったり抱えたりするのが女のバッグであると認識されていた時代。そのことに疑問さえ抱かず、受け身のままに「常識」に従順な女たちは、肩にかけるバッグを見て、大いに啓発されていったという。

常に常識に逆らうことが、シャネルの創造力の原動力。

人に頼まれてつくる注文服の「仕立て屋」とは真逆の、自分が欲しいからつくる、それを欲しがる女たちが彼女を真似て購入するという、理想的な「ビジネス」的サイクルを自然発生的に生み出していった。

彼女はファッション・リーダーであり、「無意識」のビジネス・リーダーだった。

そこに綿密な戦略はなく、直感で時代のニーズを先取りする能力が身に付いていた。

「ファッションの創造は、デザイナーと時代のコラボレーション」

このカッコいい言葉は、成功した者だけに似合うものだ。

時代とコラボすることは決して容易いことではない。機を見る力、世の中の潮流をいち早くキャッチして先取りする能力。誰しもそう簡単に身に付くものではない。

季節感に敏感なファッション・デザイナーだからこそ、長けている感覚かもしれない。

オーヴェルニュに生まれ、地に足をつけて育ったシャネルのプリミティブな力が、その才能をはぐくんだとも思いたい。

天性の直感力、言うならば自然の風向きをいち早く読み取る能力が、新世紀の女たちの欲しがるもの、必要とするものを生み出したのだ。

「わたしは活動的な女のために
服をつくってきた。
彼女たちには、着心地のいい服が必要なのよ。
袖をまくりあげることができなくちゃダメね」

女たちの未来を、ファッションで切り開いていったのである。

❖ 本物はコピーされる運命にある。

ツイード地を使ったシャネルのスーツは、男物の素材を女物のスーツに活かした、ファッション界でも革命的な製品であった。
イギリスの伝統的毛織物であるツイードは、生地になる前に水にさらした糸で織られるため、丈夫で独特の風合いがある上質な高級素材。

「英国紳士」が身に着ける服に使われることで知られていた。本物のイギリス製ツイードで、注文服専門店のテーラーにスーツをつくらせることが裕福な証しとして、日本でも盛んだった。

１９２０年代にシャネルのアイデアで女物がいくつか試みられ世に出たが、復帰後の50年代に、テーラード型や襟のない典型的なデザインのスーツが発表され、シャネルのスタイルとして世界的に有名になっていく。第二次世界大戦で勝利を収めたアメリカでは、女性の社会進出が盛んになり、働く女性のための高級なスーツとして大歓迎された。

そのことが大きな力となって、社会的なステイタスをも裏打ちする特別なスーツとなっていったのだ。

シャネルが、女もドレスだけではなくスーツを着るべきだと思ったのも、もちろん自らが仕事をするときの必要性にかられたことからだろう。

なぜ、男たちだけがポケットのある上着を着て、軽快に活動しているのだろう。ずるいではないか、という疑問。女性が仕事を持ち社会に進出していくときにふさわしいスーツがなくてはならない。

これを打開するためにポケットのある、紳士が着ているツイード地のスーツに着手する。が、あくまでも大人の男を引き立てる伝統的素材。素材そのものには、新しさはなく謙譲の美徳をたたえるかのように派手さも一切ない。

女が歓迎する素材といったら、本物のシルクや柔らかく光沢のあるもの。誰がツイード地を使おうなどと考えるものか。しかし、男物の素材のままを活かすのではなく、エレガントな色や織り方にシャネル独自の美意識が溢れ、ほかに真似のできない仕上がりになっている。

そこが、シャネルの目のつけどころ。高級感もあり、エレガントだがマニッシュでストイック、媚びないエスプリが醸し出され、誰もが手にしたい、魔法を使ったような女のためのツイードで織られたスーツが誕生したのだ。

現代まで持続可能になっている、モードを超えた、シャネル・スタイルの最高峰のアイテムである。

シャネルがツイードのスーツのジャケット姿で、ポケットに手を入れている写真があるが、誰よりもそのスーツをものにした勝利宣言のようなポーズが印象的だ。大成功と自らを褒めているようだ。

なにしろ、ツイード地への信頼とこだわりは半端なものではなく、3代に渡って着ても長持ちすると豪語する。しかも自身はシャネルのスーツが2着あれば、ほかにはなにもなくても、どこへ着て行っても通用するとも。

おまけに、浴室の風呂桶にスーツを浸けて洗濯していたというのだから、凄すぎる逸話である。驚くことはない、織る前に水にさらしているのだから毛織物であっても縮んだりしませんよ、とのこと。

もう一つの驚くべき逸話をご紹介しよう。

ツイード風の素材で、シャネルのスーツ風のデザインでつくられたアイテムは、いまや時代を超えて、多くのブランドから登場している。

シャネルはこうした形で、自身の存在が持続していることをどう思うだろうか？

彼女がスーツを世に出してから、あるとき、露店で野菜と一緒に並んで売られていた偽物の「シャネル・スーツ」を発見したという。

怒るどころか、良くできているわね、と購入して持ち帰り、解体して研究したという。彼女の研究の秘密は、こんなふうに地に足のついた実体験を重ねることにあった。そんな彼女の側面を赤裸々にしたこのエピソードは、伝説となって語り継がれていく。

まるで都市伝説のような話だが、彼女の回顧録に残されたエピソードである。真似されてこそ本物なのだという心の広さには、ひたすら感動させられる。

オートクチュールのデザイナーたちが、製品をコピーされることを恐れて、意匠登録の必要性について真剣に考えているときも、

「外国人は自由にわたしたちのコピーができるだろうか？
そう、できる。彼らはコピーしている。
だとしたら、服について特許を考えたりするのはまったく無駄なことだ」

という正論を述べる。皆で一緒に権利を守ることを嫌い、さっさと組合をやめてしまうという、凛とした孤高の行動をとる。

本物だけが持ち得る余裕が破格である。

が、実は心の広さだけではなく、頭の鋭さのなせる業。逆境にあるときがラッキーのチャンスという心のスイッチが押され、またまた彼女は頭をめぐらせ、コピーしたものが世間に出回ることを逆手にとってみる。

コピーされる「安物」シャネルは、本物のシャネルの宣伝になるではないか、大いに真似されて結構。本物を欲しがる女たちへの「ありがたさ」は右肩上がりになっていく。彼女のセオリーの勝利は、いま真実となって持続している。

ともあれ、真似の巧みな東洋人やアメリカ人に比べ、フランス人は再創造ができるのだと語り、真似することを上から目線で眺めていたシャネルの精神は誇り高いものだと思える。

❖ 優しさに包まれてする仕事なんて、本当の仕事じゃない。怒りがあって、はじめて仕事ができるのよ。

アトリエでの彼女は妥協がなかった。


「あなたはわたしの気に入らない仮縫いを、わたしにやらせるつもりなの。

これはアトリエの仮縫いですよ」


と手厳しい。だらしないスタッフやモデルたちには怒りを顕わにする。

しかし、指導者の愛の鞭《むち》で才能が育った時代、励まされるという者だっている。

人に厳しいだけでなく、自分にも厳しかった。

気力を強く持てと檄《げき》を飛ばし、自らも医者にかかることはほとんどなかったそうで、骨折しても自力で治してしまうというのだから、彼女についていく努力は並大抵ではない。

彼女の回顧録をまとめた作家ポール・モランは、彼女は、オーヴェルニュの火を噴く火山だと評した。怒りをたぎらせ、そのエネルギーから新たなものが生み出される。それが彼女の仕事の流儀だったのだ。

始まりから最後まで、荒ぶる魂の持ち主だった。

始まりは、上流階級の世界に入り込み、そこで見かけた女たちのファッションに嫌悪感と怒りを感じたことで、自分らしい装いとはなにか？　を考える。

その疑問は怒りとなって、ファッション・デザイナーへの道へと背中を押す。

考えもなく大多数と同じでいることが、たまらなく嫌なのである。

自分のようには怒らない怠惰な女たちにも腹を立てる。

周りと同じなら安心できるから、自分らしい装いでなくても妥協して楽しめる。そういう多数の女たちに怒りが湧くのだ。

彼女の勝手な怒りは私憤というだけではなく、いつも女たち全体のことを考えているつもりであり、正義感に近い感情で、世の中や時代にも向けられる。

人生最大の怒りは、70代に入ってすぐに爆発した。

デザイナーとして順風満帆《じゅんぷうまんぱん》の絶頂期に第二次世界大戦に見舞われ、終戦を迎えた頃、スイスに移住して、デザイナーとしての活動を休止。

その間、ファッション界の潮流にも変化が起き、シャネルの提唱したファッションとは真逆なデザインが人気を博す。大衆もマスコミも新しもの好きである。

シャネルにとって20歳ほど年下の新しいクチュール、クリスチャン・ディオールの登場だ。彼が生み出す女の身体の曲線を強調する服を、女たちはこぞってコルセットを着けてまで着こなそうとしていると知る。

この先祖返りのようなファッション「ニュー・ルック」を美しいと称賛するマスコミ、その言いなりになって夢中になる女たち、それを受け入れる世の中や時代にも激怒した。

それは自分への裏切り行為そのものではないか。強い孤立感にも襲われる。この怒りが原動力となり、シャネルは長い「冬眠」から一挙に目覚める。

迷いなく、ファッション界に舞い戻るという行動に走った。

リセット後のこのときから、ココ・シャネルの新たな怒りに満ちた過激な闘いが始まる。

わたしには、この縁飾りというのがある。
これからだって、いくらでもこれをつくると思うわ。
とにかくこれはわたしがつくり出したものなんだから。
わたしのスタイルをつくっているものを捨てたりしないわよ。
なんといったって、プレタポルテに90パーセント影響を与えているスタイルなんですからね。

❖

ココ・シャネルのつくるものは、モードという流行を追いかけたものだけであるべきではなく、スタイルとして残っていくべきなのだ、と「宣言」にも似た発言。

彼女がオートクチュールで生み出した数々のドレスやスーツなどは、驚くべき「作品」のような製品ばかりであった。

女のスタイルを時代とともに表現するも、そこには常に機能性や実用性が裏打ちされ、アイデアが込められたものだった。

ありとあらゆる女のための創意工夫が施されたものだ。

例えばシャネルのスーツは、常に美しいシルエットを保てるジャケットでなくてはならない。

そう考えて、ジャケットの裾に針金を錘《おもり》のように忍ばせる。背中側の布がせり上がったりしないように。これでどんな動きにも沿えるという。

それで私が思い出すのは、TV出演して熱弁をふるう高級そうなジャケットを着た、ゲスト・コメンテーターの男性。本人が気づかないうちにジャケットの背中側がせり上がってきて、羽織を着ているようになる姿は、実にお気の毒。発言の信憑性にも影響を及ぼすほどイメージダウンだと思うのは私だけだろうか。

シャネルの観察眼が活かされたスーツ。

そして、「縁飾り」。

シャネルのスーツの証しといえる特徴的な「ブレード」使い。

「兵隊さん」のユニフォームの飾りを、女物に使うところが素敵なのだ。シャネルのスーツは働く女の「制服」だという主張が、ここに見て取れる。

甘くならない、媚びのない女物の服へのこだわりの象徴でもある。

かつて、歌手をめざしていたシャネルは、駐屯していた若き騎兵隊の男たちに人気だった。男たちの軍服姿の美しさが眩しくも新鮮に映った。バルサンとの出会いもそこに端を発している思い出の場所と時間。運命をもたらした人生の記憶の断片を、ファッションの究極としてシャネルのスーツに埋め込んでいるのだろうか。

60年代からファッション界に台頭した大きな変動が、「プレタポルテ（高級既製服）」。その新しいデザインは斬新に思われ、大量生産されて大いに受け入れられた。ミニスカートも大流行。デザイナーたちはそのエポックに逆らうことなく、注文服に加え、既製品部門をつくった。

それに逆らって、シャネルは終生プレタポルテを手がけることはなかった。

同じスタイルの服が大量に出回るのを好まなかった。

生産性と効率、経済性も高まることは自明の理。しかし、彼女がこだわってきた「自分らしさ」は損なわれていくのではないか。

「みんなと同じ」になっていく。

やればいいわ。でも、その源流はあくまでオートクチュールであることを忘れてはいけない。

とハイファッションのデザイナーの先駆者としての誇りを顕わにし、「大見得」を切った。

「安物は高いものからしか出発できないし、
安いファッションが存在するためには、
まず、ハイファッションが存在しなければならない。
量は質を増大させたものではありません」

高級な注文服があってこそ、安物もつくれるのよ、と胸を張る。

これに抗える者がいるだろうか。シャネルの孤高の姿は強い。

✣ モードは芸術ではない。職業である。

ファッション・デザイナーとして地位を確立してからのシャネルは、生涯、繰り返し事あるごとに、このように公言していた。

ファッション・デザイナーは職人で、つくるものは製品であると。

これは、自分自身のことだけを言っているのではない。

ファッション界に君臨し、芸術家気取りの傲慢《ごうまん》な同業の面々に対して苦言を呈してもいるのだ。

デビュー以来新しいモードを世に発表するたびに、『ヴォーグ』『ハーパース・バザー』といった有力なファッション誌がシャネルの特集を組んだりして、シャネルは常に「時の人」となり、スターのような存在として上りつめていった。

しかし、一度頂点を味わったら、それを持続していくことには、大きなプレッシャーがのしかかることも予見していたに違いない。時代の変化による社会の変動にも左右された。ゼネラル・ストライキや世界大戦という、どうしようもない流れに遭って、ファッションも大きく影響を受ける。そこに乗り遅れないようにしなくては真の評価さえ怪しくなってくる。

現に、彼女の評判を高めていくことの強力な味方であったはずのファッション誌にしても、新たな注目すべきスターを見つけるやいなや、さっさと鞍替《くらが》えしていくではないか。

シャネルが第二次世界大戦という非常事態をきっかけに、15年近くファッション界から姿を消しているうちに、シャネルとは真逆のモードを打ち出したクリスチャン・ディオールの才能を、平然と褒めたたえたりもするのだから。

賢いシャネルはいくら自分が有名になっても、有頂天にならず、いつも謙虚で殊勝な態度でいなくてはと、自らを戒めていた様子も察することができる。

現代では考えられないことでもあるが、かつて20世紀初頭には、「仕立て屋」の身分は、芸術家に比べると格下で、社交界で催されるパーティにも招待されることがなかったという。その点もシャネルの登場によってステイタスが生まれ、格上げされたということもシャネルは語っている。

しかし、シャネルにとっては、服づくりで、自らが芸術家と呼ばれ名士になることをめざしたのではなかったということを、何度も反芻している。

そんなことよりも、自分がしたい仕事を持って、男たちと対等に稼ぎ自立していることが、シャネルの思う生き方であった。

そもそも、職業を自ら芸術家です、と言う人間も鼻白むもので、ココ・シャネルが、自らは何者かを語るときには、やっぱり職業はクチュリエ、注文服のファッション・デザイナーと言うのがいい。そう思っていたと考えられる。

なにより、誰かに頼ったり、誰かと比べたり言いなりになったり、世間の価値観で選んだ仕事ではないことが、彼女の一番の誇りだったことだろう。なんでも自分でやった、一人でやった、と言っている。

「腕に自信あり」と誰よりも強く胸を張っていたことだろう。

Chapter 3

恋愛も仕事に活かす

自分に恋する男だけに恋をする

❖ 仕事のための時間と恋愛のための時間がある。それ以外の時間なんてあるはずがない。

恋多き女としても、そのことが伝説として語り継がれるココ・シャネル。

しかも、その恋の多くが、あまりにドラマチックで小説のようにしか思えないほど。

彼女に魅了された男たちは、生まれが良く、高貴で教養があり裕福な紳士がそろう。一方で才能に溢れているが、財力には恵まれない芸術家たちもいた。それら両面の男性像にシャネル自身の好奇心は注がれた。

彼女がまだ財力を手にする前は、彼女の後ろ盾になってくれた頼れる男、上流階級で顔の広い裕福な男たち、エチエンヌ・バルサンとアーサー・カペルに愛される。

有名なデザイナーとして知られるようになると、イギリスの大富豪ウエストミンスター公爵と互角の立場で恋愛関係を築いた。

その間には、孤高の詩人ピエール・ルヴェルディやロシアからの亡命者たち、ディミトリー大公や作曲家のイーゴリ・ストラヴィンスキーらとも浮名を流す。

ポール・イリブという有識なイラストレーターとの恋愛も、彼女自ら顛末を公にしている。

女友だちは少なくていいという信条を持つ彼女の交流は、もっぱら力と才能のある男たちへと広がっていった。

シャネルは公にしたがらなかったが、彼女が名声と財力に余裕が出る頃は、未来を担う才能の持ち主の若き芸術家には、惜しげもなく金銭的支援をすることで交流を深めていった。

画家のサルバドール・ダリ、パブロ・ピカソ、詩人で小説家、画家、映画監督でもあるジャン・コクトー、映画監督のルキノ・ヴィスコンティ、バレエ・リュス（ロシア・バレエ団）の創設者で、ロシアの舞台芸術を作曲家のストラヴィンスキーらとともに築き上げたセルゲイ・ディアギレフ、などに代表される面々。

彼女が先見の明で応援した才能は、時代を経て世界的に知られいまに至っている。シャネルのその見極めと嗅覚が素晴らしい。

ファッション界に復帰後の彼女は、フランス映画界の新進気鋭の才能にも注目した。

若く才能のある者を支援する「パトローネ」となることが、富を築いた者の社会的貢献としてステイタスを持つ。フランスやアメリカ社会で名を成したシャネルは、名声と富を自分だけが甘受することは、卑しく罪悪であるとさえ思い、支援を惜しまなかったのだ。

その間彼女は数えきれない恋をしたと語っている。

だからといって、関わった男という男と、シャネルは恋仲になったのだろうか。

本当に忘れられない恋人については、彼女の複数の回顧録で顕著である。例えば、ピカソは妻以外に多くの女たちと愛を交わした画家として作品を通しても知られている。

シャネルが新進気鋭のピカソを大いに応援したことは事実だ。

彼女自身が彼を支援したかったことを回顧録に残している。妻のオルガ・コクローヴァが出産したばかりで、パリのアトリエで一人は寂しいからと言うピカソを、シャネルの家に寝泊まりさせたこともあったそうだ。

それは母性的な愛だったかもしれない。単純な浮気、不倫をしていた二人、と部外者が騒ぐのはどうかと思う。

恋愛は当事者たちのものであり、そんなことをあれこれ騒ぐ暇があったら、自分も自由に恋愛したらいいじゃないか、という価値観や恋愛流儀はフランスでは当たり前のこと。

彼ら彼女らは、自分たちの恋愛は人生に必須なことであり必然であり、生きている証しだと言う。長さや短さは関係なく、結婚を前提としなくても、自由恋愛を謳歌《おうか》している人生なのだ。第三者が野次馬的なスタンスをとり、真相を見いだそうとするなんて、みっともないことなのである。

時のフランスの大統領がバイクに乗って、お昼休みに恋人に会いに行っていたことがニュースで報じられたことがあったが、TVの視聴率や政治に影響はしない。そういう国である。仕事と恋愛、フィフティー・フィフティー。その割合に妥協の余地はないと聞く。

その結果は、わが国の存亡の危機とされている「少子化」とは無縁であり、仕事にも恋にも真剣に取り組むフランスの男と女には脱帽である。

というわけで、大人同士の恋や愛に他人の眼は、お邪魔虫。


「わたしは、本当にたくさんの恋愛をしてきた」


と感慨にふけるシャネルだが、恋愛と仕事の配分率から考えると、その分仕事もしたということになる。

恋愛と仕事を両立させる達人のシャネルのこと、恋愛も仕事の一つとして同じ熱量で取り組んでいたことだろう。恋愛をすることで、気づいた多くのヒントを仕事に活かしているのも、シャネルだからこそ。

ファッションで生み出されたものは、恋愛がきっかけだったという結果を見ても、シャネルにとって恋愛は、単なる女の性の欲求というだけでなく、「仕事」に思えてならない。

彼女に大きな気づきを与えた男たちとの恋を追体験してみたい。

❖ 女性にとって愛することほど最大の不幸はありません。

いつもながらの、人を惑わすキラーワードが飛び出す。

モテまくった彼女の切実な、痛いほどの心からの呟《つぶや》きだ。

自分が愛したら、結婚を考えたら、愛する男が死ぬ。一度ならず、そういうことが起きたりすれば、もう自分から人を愛することはしない、と心に刻むシャネルの想いももっともだ。

世間が言う女の幸福を手に入れようとすると、不幸が見舞うというシャネル。

本人が思った以上に仕事で成功しても、運命の女神は彼女から愛する人をさらっていってしまうのか。

結婚するより仕事に生きなさい、あなたの子どもはあなたが生み出す二つとない素晴らしいドレスやスーツでしょう、と守護天使に命じられているかのようだ。

ファッションの革命家という彼女の使命は、シーズンごとに女たちの求めるモードを、最新の感覚で生み出すというもの。

それまで良しとされていた女の服を、手のひらを返すように否定することに近い仕事。その上で、それを上回る良き服を、具体的に世に広く知らしめる仕事だ。

一点ずつ制作する注文服は真剣勝負そのもの。モデルにまとわせている布に鋏を入れて、思い切りよく形づくっていく。職人技と言うより、彫刻家の仕事のようでもある。

間違いがあればやり直し。ファッション・ショーが始まる直前まで、昼夜を問わずのやり直すことは当たり前だったという。ならば、家庭との両立などありえるのだろうか。

家族に愛を注ぐ時間はあるのだろうか。

その時代に女性がファッション・デザイナーに少なかったのはそのせいかもしれない。

だからこそ、いつも冷静にしていられる恋を選ぶのか。

「追いかけるより追いかけられる女になるべきです」

彼女の恋愛流儀は、恋に溺れないこと。我を忘れるような恋はしないこと。仕事にさしつかえますからね、と言う。

痛い体験からの教えであろうが、どこか孤高の想いが滲んでいる。

なに一つ死にはしない。
砂粒一つだって。
だから、なに一つ失われるわけではないの。
わたし、こういう考え方が大好き。

✤

この言葉こそ、シャネルが熱愛したボーイ・カペルことアーサー・カペルを失ったときのレクイエム（鎮魂曲）である。

「彼はわたしが愛した、ただ一人の人。
でも死んでしまった」

彼への憧れを純粋な気持ちで募らせ、尊敬もしていた。結婚も夢見た永遠の恋人カペル。人生で多くの恋をしたシャネルにとって、心から愛したのはカペルだけだったと回顧している。
エチエンヌ・バルサンの館に住むうち、バルサンが親しくしていたイギリスの若き実業家がカペルだった。バルサンたちとは違って、自分の実力で財を成して富豪となったやり手の男。

本物のビジネスマンの姿はシャネルには眩しかった。

「彼はわたしの人生にとって
大チャンスだった。
わたしにとっては、
父であり、兄であり、家族全体だった」

帽子のデザイナーとしてのチャレンジを最初に応援してくれたのはバルサンだったが、それは彼にとって、ほんのお遊びのつもりのリアクション。パリのマルゼルブ通りに持っていたアパルトマンの一室は、それまでは愛人との逢引《あいび》きにも使っていたという場所。そこをシャネルに提供した。

ところが、帽子をつくり出すアトリエは、すぐさま評判になる。さらに本格的な帽子店を出したいというシャネルの野心に、バルサンは応えるつもりはない。

シャネルの悦びに応えるより、自分の愛人を働かせることが男としての名誉に関わる恥だと、世間の目を気にしたバルサンだった。

しかし、カペルは違っていた。自分らしい仕事をして、自分らしく生きることに真剣なシャネルの生き生きとした魅力に惹きこまれる。20世紀の女はそうあるべきなのだと。

そんなカペルに、シャネルは夢中になった。カペルが婚外子であったことにも親近感を覚えたという。シャネルにとっては、自分の境遇に引け目を感じないで済む相手でもあった。その上、自分の道を切り開いて経済や政治の世界にも顔がきくカペルのような男は、男の中の男に思えた。

多くの女からもてはやされてもいたカペルであったが、ほかの女たちにはないシャネルの個性と媚びない姿勢や独特の美しさに、グイグイと引き込まれていく。二人は恋に落ち、カペルはシャネルにビジネスのことだけでなく、父や兄のように親身になって教養を身に付けさせてもいった。


「わたし、きれいじゃないわ……」

「もちろん、きれいじゃないさ。だけど僕には君ほど美しい人はいないよ」

彼の取り巻きの「きれいな」娼婦たちとは、「別」の女であるということをカペルはシャネルに感じていた。彼はそれまでには会ったことのない「特別の女」と出会ったのだった。

「二人の男性が、
わたしを張りあってくれたおかげで、
わたしは自分の店を持つことができた」

カペルの支援により、パリのカンボン通り21番地に「シャネル・モード」という、彼女がデザインした帽子の店を出すことが叶う。

カペルの後ろ盾もあって、帽子店には上流階級のマダムや女優たちが押しかける。シャネルの斬新で、ほかでは見ることのないセンスが活かされた帽子は大評判となる。次いで、二人は帽子だけでなく本格的なファッションの店もドーヴィルに出店。カペルも舌を巻くほどの才能と成功を見せつけるシャネルだった。

カペルに支援してもらった資金も返すことができた。貸し借りがないことで、真の愛を育むことができる。仕事も恋も思うままだ。結婚も夢見て至福の喜びを手にするシャネル。

しかし、想像以上に早く成功したシャネルに、カペルは嫉妬も抱いたというのだから、男は手に負えない。

男はあくまで女より優位に立って女とつきあっていたいのか。カペルのような革新的な考え方を持つ男であっても、そうなのか。

「僕は君に玩具をあげたと思っていたのに、自由をあたえてしまったんだね」

シャネルと距離をとるようになったカペルは、残酷な告白をし始めた。事業のためには良家のダイアナ・ウィンダムという令嬢との縁談を進めなくてはならないと言う。

大きな打撃を受けたシャネルだったが、結婚をあきらめ、恋人のままで彼を愛し続け、仕事に打ち込んだ。帽子店に続き、パリのカンボン通り31番地にも店を出すというほどの人気デザイナーとして知られるようになっていく。すでにシャネルは自立しており、カペルとも対等につきあう立場にあったからでもあった。

しかし、仕事の発展とひきかえのように私生活での苦難は続いた。自動車事故でカペルが亡くなり、永遠の別れがおとずれたのだった。そんなとき彼女を支えたのは、結局、仕事だった。

それ以来、運命のままにココ・シャネルは多くの男たちに愛されていく。

が、カペルとの濃密で熱量のあるドラマチックな仕事と恋ほどの出来事はなかった。

愛する男は一人で十分。彼女の中でカペルは永遠に生き続けていた。

それでも、抗しがたい寂しさや孤独が彼女を襲う。人知れず泣き続けたというシャネル。それをバネにして仕事と次なる恋に打ち込む。

彼女の孤独の流儀では、仕事と恋愛がセットになっている。

✣ わたしが興味を持てないものについて、彼が興味を持つなんて我慢できない。

判じ物のような言葉は、自らの「箴言」づくりに心血を注いだシャネルならではの趣がある。その面白さが癖になったのか、日常のおしゃべりにも「格言」「箴言」のようなフレーズを利かせるから、真意の奥深さについていけない者もいたかもしれない。

アーサー・カペルに心酔したシャネルは、彼から学校では教わらないような教養を叩《たた》き込まれた。

学問など、女が知らなくてもいいという時代にあって、さまざまな文化、芸術、教養にシャネルは目を見張り、好奇心を向けた。

財力を得た頃のシャネルの部屋の書棚には、革表紙の書物がびっしりと並んでいた。読書も大好きだったシャネル。教養というすぐに身に付くものではないものに執着した。

愛する相手が知っていて、それを愛する自分が知らないでいるというのは、愛も中途半端ではないか。愛への冒涜《ぼうとく》にも近い。という理屈である。

愛するなら、その男の思考や趣味や興味のあるものすべてを自分のものにしてみせる、というような意気込みを見せた。

好きな男と共通の話題に花を咲かせ、意見を闘わせることのできる女をめざしたといえよう。それが恋愛のなせる業であることは、誰にも覚えがある。それは普遍的な愛の形であったとも思える。恋する女の、女らしい姿の一面を見せたシャネルだった。男にとっては、働く女の強さとは別の可愛い女としての魅力に思えたことだろう。

別れたとたん、急に趣味が変わって周囲を驚かす女というのも珍しくはないが。

カペルの造詣の深さは東洋思想にも及んで、その研究は並みのものではなかったという。それにちなんだ彫刻やら仏像などがインテリアとして飾られる。シャネルもごく自然にその道に興味を持って愉しんだ。


「現実にないものをわたしは信じる。

謎に満ちたすべてのものを信じる」


というような、神秘性に魅了されてもいた。

エキゾチシズム、異国情緒がファッションやインテリアに活かされるというのも、カペルとの「幸せな蜜月」を過ごしたことの産物だったのだ。

死ぬまで手放さなかった、彼女が愛好した漆黒のコロマンデルのパーテーション。ホテル・リッツに居を構えることになってからも、それで仕切った室内がシャネルのスタイルだった。いくつもの恋をしたシャネルが一番愛した男、アーサー・カペルから学んだことは、イギリスの異国趣味という深いセンスであり、その証しが黒い漆塗りのパーテーションだったとしたら、それらが彼女の生涯のこだわりだったことがうなずける。

❖ 沈黙で一番辛いのはルヴェルディの沈黙よ。

シャネルが愛した文学者がいた。

アンリ=ピエール・ルヴェルディという詩人だった。カペルの死後浮上してきた、いぶし銀のような恋の相手だ。

フランスを代表する詩人の一人、ギョーム・アポリネールの庇護《ひご》の下、『ノール=シュッド（南北）』という雑誌を出し、多くの文学者や画家、芸術家と交流を重ね、独自の芸術活動を進めていた。シャネルの親友で社交界の実力者のミシア・セールが支援していた男で、最愛の恋人カペルを失ったばかりだったシャネルは、彼と出会い友情を結ぶ。そして次第に愛しあうようになる。

お針子をしながら、つましく彼を支えていた糟糠《そうこう》の妻がいながらも。

有名ファッション・デザイナーと詩人の恋は、シャネルがルヴェルディの才能を支援する「愛」の形だったと言えるだろう。また、ルヴェルディがシャネルの財力や地位を目当てにしていたわけではないことが、シャネルには痛いほどわかっていて、シャネルにとってそこからも信頼が生まれていた。

自分の主義を貫くことで、芸術仲間とも、ことごとく決裂し孤立していく男。成功や名声だけを求めない、その孤高の姿はシャネルにはまぶしくさえ思えた。

孤独でいることの力強さを彼に見いだした。自分もそうなりたいと憧れた。

世間では、アポリネールばかり評価されているが、どうかと思う。アポリネールの詩が刻まれたものが公共の場に掲げられているのに、ルヴェルディの作品は軽視されている。とシャネルは不満を募らせていた。

だからこそ、シャネルは彼を応援できただろうし、なにごとも判官贔屓《ほうがんびいき》がシャネルのやり方。大きく有名なものを嫌悪するところが、シャネルのまなざしなのだから。親友のミシアから本歌取りした「メセナ（支援）」の対象としても、ふさわしい存在の男だった。

愛が本物になると、自分が興味を持てないものについて、愛する男が興味を持つことに我慢できないという、あのシャネルのフィロソフィーが、またまた首をもたげる。カペルに次いでルヴェルディにも向けられたのだ。

彼の愛すること、こだわることに、自分も同じように興味を持たねばならないという信念に火がついた。

彼のように言葉を生み出すこと、「箴言」をつくることに多大な興味を抱いた。それも憧れの一つであり、彼から「箴言」のつくり方を学んだ。ルヴェルディが賞賛したシャネルの「箴言」は、彼女が残したたくさんの「名言」の中にもあり、いまに生きている。

それらのいくつかを、シャネルは『ヴォーグ』誌にページを割いてもらい、発表もしている。その中の多くが、シャネルが身をもって体験したことから生まれたに違いないものだった。ルヴェルディも肯定するしかないリアリティがそこにはあった。

「真の寛大さとは、忘恩をも受け入れること」

ルヴェルディは言葉の先生だったのだ。また、ニーチェといったシャネルが読むべき書物も選んで推奨した。

快楽や金満、報酬をも排除して世間と距離をあける「禁欲主義」に徹するルヴェルディ。その偏向と孤独に憧れる一方で、心配もしたシャネルは、そんな彼の生き方を変えようと試みるが、「僕には孤独が必要です」と、ことごとく跳ね返される。

金銭的な援助をいとわないシャネルは、彼に知られないように出版社にお金を払って彼の原稿を買わせたり、出版を促したりしたという。それが彼女の愛の行為であり悦びだ。

しかし、彼はシャネルの想いとはまったく違う次元に生きていた。彼が信じたものは宗教の道だった。

シャネルが闘うべき相手が、神になってしまったとは……。

僧院近くの家に妻と移り住むルヴェルディだったが、彼は真に孤独だったという。

むしろ、孤独を愛したというべきか。

シャネルは、もはや彼が自分のものにはならないという敗北を認めながらも、最後まで彼を尊敬してやまなかった。

それは、どうあがいても自分が到達できる心境ではないものを、彼が持ち続けていたからだ。世間の欲望や価値観に逆らうことができる男。貧しくても輝いて見えた。

そんな形の愛ではあったが、ルヴェルディも、実は彼女をこよなく愛していたことは明白だった。1924年に著された彼の著作『空の漂流物』に記したココ・シャネルへの献辞が、そのことを物語る。

「私がとても愛する大切な人ココへ。私の心臓の最後の鼓動までの心を込めて」

これこそ最高のラブレターではないか。

シャネルにとって宝物のような愛の証し。シャネルに捧《ささ》げられたルヴェルディのいくつもの著作は、シャネルの甥のアンドレ・パラスの娘ガブリエル・パラス＝ラブリュニの手元に大切に保管されている。

そして、彼がシャネルに示唆した「暗闇」についての詩は圧巻だ。

「無言の言葉で網を織り、
世間と自分とのあいだに張れ
黒い部屋の隅々まで」

ストイックでぞっとするほどの暗黒と孤独を感じさせる詩。

この無言、「沈黙」がどれくらいのものかは、シャネルだけが知るところだろう。シャネルはまた、この孤独の色彩、黒が唯一ルヴェルディとの共通の価値観だったことに気づく。彼女が多くを語らない自らの幼少の頃の「辛い」孤独の色。彼女が生まれ育った大地の色。

ここから、リトル・ブラック・ドレスが着想されたのではないかと言われるくらいなのだから、これも伝説に値する凄いエピソードである。

またしても、この恋が他の追従を許さない「服」を生み出すのかもしれないのだ。

「詩人はわたしたちとは違う。彼らはまったく死なないのだ」

服は消耗品で、詩は永遠に残る尊いものと言い、リスペクトを寄せたシャネル。彼女の「黒の提案」は、いまも脈々と続いている。

✣ あなたは結婚しているのよ、イーゴリ。

「もしカトリーヌが知ったら……」と、シャネルの言葉は続く。

あの名作曲家ストラヴィンスキーのたぎる想いを、ずいぶんと女らしい慎ましい発言でたしなめている。

ストラヴィンスキーはすかさず言った。

「妻はわたしがあなたを愛していることを知っています。こんな重大なことを、彼女以外の誰に打ち明けられるでしょう」。そう来ましたか！　カトリーヌという妻公認ということか……。なんという口説き文句。

「ストラヴィンスキーはわたしに求愛した」

それにしても、彼女に世話になった「お礼」なのか「口実」なのかは知らないけれど、偉大な美しきファッション・デザインの旗手にすっかり幻惑されてしまう男たち。ストラヴィンスキーに至っては、我を忘れてシャネルにこのように関係を迫ったとか。妻を捨てて結婚してもいいとシャネルを熱望した。

想い起こせばシャネルはかつて、エチエンヌ・バルサンやアーサー・カペルから金銭的援助を受けて、自分らしい仕事を手がけることを実現した。

恋愛中のカペルから、「君は本当に僕を愛しているのかい？」と愛の熱量についてたずねられたことがあった。

これに対してシャネルは真顔で答えた。

「それは、わたしが独立できたときに答えるわ。

わたしにあなたの援助が必要でなくなったとき、
わたしがあなたを愛しているかどうかがわかるでしょう」

援助してもらっていることが、男への愛情だと混同しがちな恋や愛。援助が必要なくなったなら、その愛は変化するのだろうか？

小憎らしいこんな意見を言うシャネルに、カペルはまたまた彼女にはまってしまう。「可愛くない」女。そこがシャネルの類のない魅力の一つで、その理解者となったカペルは彼女に骨抜きにされたに違いない。

話をストラヴィンスキーに戻すと、ことほどさようにシャネルは、ロシアから亡命してきた才能の溢れる作曲家を支援する立場になっていたのだから、運命は劇的だ。

バレエ・リュスの潮流をつくったディアギレフが率いるロシアの前衛的なバレエや、ストラヴィンスキーの音楽は、当初パリではブーイングの的となった。初演の舞台は大乱闘の場になるほど物議をかもした。

シャネルはその音楽作品こそ現代的なものと確信して、支援を決意する。アート界にも顔の広い、シャネルの親友ミシアの紹介でストラヴィンスキーと出会ったのだが、ミシアを差し置いての、彼に向けたシャネルの本歌取り「メセナ」は、いつもながら隠密裏に進められた。

2009年のカンヌ国際映画祭のクロージングで上映されたヤン・クーネン監督作品『シャネル&ストラヴィンスキー』(2009)に、そのいきさつが描かれている。観どころは、「妻公認」の二人の情事。衝撃的と言うしかなかった。

いまやフランスをはじめ、国際的にも活躍しているマッツ・ミケルセンと、シャネルのモデルをした経験もあるというアナ・ムグラリスの演じるベッド・シーンは大迫力。

ロシアから亡命してきたストラヴィンスキーを自らの別荘の館に家族ぐるみで住まわせ、作曲の助けをしようと手を差しのべたシャネル。

想いを募らせたストラヴィンスキーの求愛に応え、隣室にいる妻にお構いなく愛欲にふける。映画では妻公認というようなことには触れていないのだが、まあ、命の恩人にも相当するシャネルに、夫が「恩返し」していると思えば妻も寛容にならざるをえないのか。

ともあれ、映画というものはフィクションである限り、実在の人物たちを描くとしても事実しか描けない、という決め事はない。

そこが映画のマジックであり、自由な世界をつくれるから、映画づくりには至福の喜びがあるというものだ。

自分の館でストラヴィンスキーが名曲を生み出し、愛を傾けてくれるなんて、女冥利に尽きるというもの。その愛に応えなくてどうする、とシャネルが考えるのも道理。

親友のミシアなど周囲が心配して、深入りしないことをシャネルに忠告する。彼が離婚してシャネルと結婚でもしたらとんでもないことだと、彼を遠ざけるように忠告を続けたという。

しかし、シャネルは屈託なく、

「ストラヴィンスキーは戻ってきた。毎日戻ってきては、わたしに音楽のレッスンをした」

と。彼の語るワーグナーや、ロシアの「嫌われ者」だと言うベートーベンの話に聞き入り、至福の時間を愉しんだ。

しかし、結局は家族のことを案じて、シャネルもストラヴィンスキー一家が離れていくことを望んだ。

スペインでの舞台があるので一緒に行きましょうという彼の執拗な誘いも断り、けじめを見せる。

支援してもらっているから、それを愛と勘違いしているゆえの熱情だったのでは……。二人の男たちに支援してもらっていた頃の自分が抱いた疑問が想起されたのかもしれない。それを確かめることもなく、彼女はストラヴィンスキーとの恋に終止符を打った。

残されたシャネルの孤独はどのようなものだったのか。だが、人とは違う秘密の熱い想いを抱き続けて彼が残した永遠の名曲は、シャネルの孤独を癒やし続けてもくれたことだろう。などと、ロマンチックに私は思うのだが、あくまでこの恋、アバンチュール、火遊びに近かったと自他ともに捉えている。

おまけに、シャネルの孤独や感傷、後悔などが芽生える間もなく、次なる求愛者の登場となる。

その男は、同じくロシアからパリに亡命してきた美貌の貴公子、イミテーション・ジュエリーの着想を与えてくれることにもなったディミトリー大公だった。

ロシア皇帝ニコライ2世の帝政に大きな影響を与えた宗教家、グレゴリー・ラスプーチンの暗殺に関わったとされる、高貴な男に、シャネルも興味津々であっただろう。

新しい恋人の出現を知り、ストラヴィンスキーは恋の敗残者となった。以降は人が変わったように作曲に専念し、それを天職とする姿勢を確たるものにして大成していったという。

シャネルを失ったストラヴィンスキーの孤独が、彼の創作能力を無限大にしたのなら、シャネルにとってもこの恋、偉大な「メセナ」になったといえよう。

✤ ウエストミンスターはエレガンスそのものだった。新品なんてなに一つ持っていない。

モンテカルロでクリスマス休暇を過ごしていたシャネル。同地に滞在していたイギリスの大富豪ウエストミンスター公爵に、知り合いを通じて彼の所有する船でのディナーに誘われる。フライング・クラウド号という彼の巨大なヨットで港に停泊していたのだ。

そこに、恋人であったディミトリー大公がやってくるというので、一度はデイナーのお誘いを断ることにしたシャネルだった。しかし、ディミトリー大公はその船を見てみたいということで、二人で出かけることになる。

そして、ウエストミンスター公爵のペースで事は運ぶ。猛烈なラブコールの嵐が吹きあれて、またたく間に世界も驚くダブル・セレブのカップルが誕生する。ディミトリー大公はシャネルを奪われた形になったが、彼らの恋愛流儀は極めて優雅なようで、血が流れるようなこともなく親睦は途切れたりしない。もともと二人は恋人同士ではなかったという説もあるのだが。

そんな出会いから始まったウエストミンスター公爵との恋愛だったが、彼はイギリス国王の従弟で、長者番付ナンバー・スリーという大金持ちの「お殿さま」だった。

ウエストミンスター家が所有している寺院やホールや地区は、イギリス内でのみならず極めてよく知られるところ。2022年のエリザベス女王の葬儀の際にも、TVなどの報道で誰もが目にしたはずである。

彼は、なかなかのダンディで身のこなしに品があり、絵に描いたような「英国紳士」。その上プレイボーイで数回の結婚歴があり、離婚して独り身の時期にシャネルと出会ったという。ココ・シャネルというフランスの有名なファッション・デザイナーに公爵は目を見張り、心奪われてしまう。

いわゆるキャリア・ウーマンという「新種」の女は、公爵にとっては新鮮に映ったことだろう。その着こなしや、凛とした美しさと強いオーラを放つ、類稀《たぐいまれ》な存在に一目惚《ひとめぼ》れだったようだ。彼はおとぎ話のような世界に、シャネルを引きずり込んでいった。

彼女への求愛の仕方は破格のものだった。パリと同じ広さを誇る公爵所有の庭園で育てている花を摘んで、花束にしてシャネルに捧げる。自ら出向いてである。シャネルの仕事が終わらないようなときは、子犬のように「お預け」を忠実に守る。ひたすら彼女を待つ姿には、さすがのシャネルも根負けしたという。

「世界一の金持ちの男とつきあうということは、

とてもお金のかかることよ」

毎日のように、所有する農園での収穫物、果物や野菜が届く。プレゼントはもらうよりあげるほうが好きだというシャネルだから、いちいちお返しをしたという。貸し借りはなしという距離を保っていったシャネル。それにはとてもお金がかかったという現実的な話は、本物のお金持ちとつきあってみなくては想像もつかないことだ。

彼女は公爵の所有するカティ・サーク号で遊覧したり、のんびりと一日釣りに興じたり、ときには狩りにも出かけるという、仕事ばかりだった日常から一変した日々を公爵と愉しむことができたシャネル。ウインストン・チャーチルというような政界の大物とも慣れ親しむような日々を送る。

男と女の情事を楽しむ関係というよりは、いくたびの離婚で疲れ切っていた公爵にとって、心の拠り所となるシャネルを必要としていたようだ。

イギリスで有名な富豪と、フランスで有名なファッション・デザイナーとの恋は絵になるカップリングとして評判になった。

次のウエストミンスター夫人はココ・シャネルだろうか、と。

それほど二人の関係は長く続く。

「もし、ウエストミンスター公に会っていなかったら、
わたしは気が狂っていただろう」

公爵との出会いの前のシャネルは、カペルと死別し、その後多くの芸術家との交流、新たな恋と別れがあった。そのたびに孤独に見舞われ、仕事に追われる成功者としての日々に、心も身体も疲弊していく。そのことを彼女は、ゴタゴタが多すぎた、と語っている。

彼女の恋はいつも、「財力」という力関係のシーソーゲームを意識しなくてはならないものでもあった。それを続けてきたシャネルにとって、ウエストミンスター公爵との関係は、それまでにはなかった「対等」の恋愛を楽しむことができた。彼女には安堵《あんど》にも近い至福の時間を味わえた歳月だったのだ。

そこで彼女は、「贅沢《ぜいたく》」な暮らしの中に、それまでの認識や価値観を揺るがすほどの発見をする。

贅沢とエレガンスは別物。金満がエレガンスを生むのではない。と知り得た。すべて公爵のライフスタイルから学んだのだ。

高貴で金持ちのウエストミンスター公は、いつも同じ服を着ている。裾が擦り切れるほど着ている。新しいものを憎んでいるくらいに。

それが、「英国紳士」の流儀の一つであり、新品を着るなんて成金のすることで「恥」であるというのだ。

ツイードなどのしっかりとした素材だからこそ、長年の友のように大切にして着こなすことのできる数々の紳士服。それらを着くずすこと、それが様《さま》になるようでないと一人前ではない。これぞダンディズムの極みなのだ。

靴をたくさん持っているのだが、どれも履き古しているから、シャネルが新品を買ってプレゼントすると、まず泥をまぶしてから履いたという。

それを素足で履く公爵と、彼のコートを粋に着くずしたシャネルのツーショットの写真は有名だ。

ダンディズムは見えないところにも発揮される。ロールス・ロイスをたくさん所有しているが、古くなっても買い替えないでエンジンを交換して乗るという。節約精神にものっとった使い方である。これが「英国紳士」の騎士道にも繋がる美学なのだ。


「贅沢とは目に見えないものだ」

と、いたく感心したシャネルは、その精神を自らのファッションに取り入れてみる。

公爵からプレゼントされた、内側に金を施した手箱をシャネルは大切にしていた。死後もガブリエル・パラスに譲り受けられて大切に保管されているそうだ。

それを真似て内側に毛皮を施したコートをつくり、世に打ち出した。

高価だからといって見せびらかすものではなく、毛皮は内側に着けられるべきものだと主張。それを具体的にコートで示唆してみせたのだ。

男物の伝統的毛織物のツイード地で、女物のスーツをつくるというインスピレーションを得たのも、公爵との恋と暮らしがヒントとなった。

素晴らしい「戦利品」である。

1954年のシャネル復帰後のコレクションで、アメリカから評価が高まりセレブたちに愛好されたツイード使いのシャネルのスーツ。その起源は1920年代のウエストミンスター公爵との恋にあったというわけだ。

彼との時間をたっぷりととってから、遅い時間にアトリエに戻り服づくりにいそしんだというシャネルのエネルギーは並みのものではない。新しい服に取り組む暇もないシャネルだから、ツイードのスーツをいくつも試作して発表していったという。

「どうしてウエストミンスターは、

わたしといると楽しかったのかしら。
それは、わたしが彼を
つかまえようとしなかったからだわ」

シャネルが望めば、彼女は王室の遠戚にもなれたかもしれない。
彼女はウエストミンスターに、遠慮なく接することができる数少ない女だった。二人の喧嘩《けんか》の怒鳴りあいが周囲をハラハラさせたことも少なくなかったというほど、二人は気の置けない男と女の関係を築いていた。
しかし、求婚もされた彼女は、ウエストミンスター公爵夫人より、引き続きシャネル帝国の「女帝」の道を歩み続けることを選んだのだ。
世継ぎを求める公爵に応えるように熱心に「妊娠体操」まで試みたというが、結局、彼女は仕事を捨てることはできなかった。

「ウエストミンスター公爵夫人はたくさんいても、ココ・シャネルは一人だけ」

これは自分ではなく周囲の人々がそう話題にしたとシャネルは言うが、彼女の宣言のようにも思えてならない。

ファッション・デザイナーとして築き上げた歳月を、公爵夫人の座を得ることで輝かしき「思い出」にするわけもない。シャネル、正解の選択だ。

ウエストミンスターから得る他力本願の生き方など、とにかく似合わないココ・シャネル。彼女の大英断は、「孤独」という勲章として永遠に輝いている。

彼女のコレクションにウエディングドレスが登場しないのも、ウエストミンスター公爵との恋愛が源になっているという。

一方でふられた形の公爵は、財力があっても女の魂を買うことなどできないことを知る。この敗北に対しては、次なる花嫁候補を見いだし、シャネルに見せつけるという復讐をくわだてる。

二人そろってシャネルにあいさつに出向いたというのだ。

シャネルは喜んだふりをして、この子どもじみた行為には顔色一つ変えず、ウエディングドレスをつくってあげると余裕を見せる。

やっぱりこの女はただものではなかったと、またまた負けを認めざるをえなかった公爵。以降はシャネルとの友情を生涯育むことになる。

なんと、ガブリエル・パラスの代父役も引き受けているのだ。

彼女から「ベニーおじさま」と呼ばれるウエストミンスター公爵は、ほとんどシャネルと結婚したのも同然の男となったのだ。恐るべしはココ・シャネル。武器は「鋏」と「孤独力」である。

❖ ああ、情熱なんて大嫌い！ なんと嫌悪をそそる、ぞっとする病いだろう。

恋する情熱、愛する情熱、それを持続させて結婚へと進む恋愛。シャネルには途絶えることなく、情熱を傾ける男が登場する。それは、いつも仕事に注ぐ熱量と同じであった。

恋があるから仕事のモチベーションも高まり、仕事があるから恋愛への意欲も湧く。仕事が充実している人も、愛する人がいる人も輝いて見えるもので、仕事と恋は互いのビタミン剤のようなもの。しかし、シャネルが結婚を望むと、男は死んでしまう。

アーサー・カペルを失った彼女は、その呪縛に囚われるかのように結婚を避けてきたようにも見えた。そうしたこともあり、彼女はウエディングドレスをつくらなかったと言われている。

そして、またしてもそのジンクスどおりの恋愛を繰り返したのだ。

その悲劇と孤独が、それまでの情熱を全否定してしまうのか……。

彼女の名がハリウッドに届くほど大きくなって、なんと年俸100万ドルという値がつく。サミュエル・ゴールドウィンという大物プロデューサーから、主演女優の衣装の制作を依頼され、アメリカに招聘《しょうへい》された。

宣伝効果があると見たシャネルはミシアを伴って渡米。ハリウッドのスタジオで活躍するポール・イリブというスペイン人の男と知りあう。あのポール・ポワレの衣装のイラストレーターもしていたというキャリアがあり、『ヴォーグ』のイラストを描くために渡米し、映画監督セシル・D・デミルの作品の製作に関わる舞台装飾家でもあった。

シャネルは、マーヴィン・ルロイ監督の『今宵ひととき』（1931）で女優のグロリア・スワンソンの、そしてローウェル・シャーマン監督の『仰言ひましたわネ』（1932）で女優のアイナ・クレアの衣装をつくった。

ところが、いずれもハリウッドの映画としては地味すぎると不評だったため、それ以上の仕事をしないまま、100万ドルを手にしてさっさと引き上げる。ハリウッドとの仕事ほど、つまらないものはなかったのかもしれない。

ハリウッドは、フランスというブランドが欲しかっただけなのでしょう。服のセンスなんて、

てんでわかっちゃいないという気概を持って、

「わたしはマドモアゼル・シャネルという一個人よ。

売り物ではありません」

という啖呵《たんか》も残した。

100万ドルという報酬に見合う衣装をつくったのだからと毅然《きぜん》として、安売りをしないフランス人の誇りと名誉を保ったのである。

その後フランスに戻ってきたイリブと意気投合して、恋仲になったというわけなのだが。

同世代であり気の置けない関係を持てたシャネルは、イリブとはそれまでにない官能的な恋に落ちたという。情熱というより、情欲というべき熱情に身も心も打ち込んでいった。

周囲からは、イリブは悪魔だ、女たらしだ、という忠告も生まれた。

イリブは、シンプルであることが美しいという自らの哲学や信条でシャネルに影響を与え、揺り動かす存在になっていく。

「君はあわれなバカ者さ」と、シャネルに面と向かって言える男になっていた。

その頃、有名ファッション・デザイナーの座についていたシャネルに、そんな風に言える男がどこにいただろう。

愛しさの表れでしかない殺し文句。こんな言葉に絶対的権力を手にした女は弱いものだ。さすが女殺しの面目躍如《めんもくやくじょ》か。

周囲の評判には耳も貸さないシャネルは、こうしてイリブにのめり込んでいき、それまでのイミテーション・ジュエリーは影をひそめ、それとは真逆な究極のハイジュエリー、「本物」のダイヤだけを使った、装飾ジュエリー展「ダイヤモンド・コレクション」を発表するのだ。

フォーブル・サン＝トノレの自宅で展示会を開く。

イリブの勧めを全面的に形にした新機軸に挑んだのだ。

この展示会こそ、二人の愛の結晶。本物のダイヤが取り持つ本物の恋愛に酔いしれるシャネルだった。

資金不足で発行が止まっていた、イリブが手がける雑誌『ル・テモアン（目撃者）』を、シャネルは援助して復刊させた。その雑誌では、たびたびシャネルのことが取り上げられて、彼女は大満足だった。

しかし、歴史は繰り返される。

結婚を固く約束するも、南仏のシャネルの別荘でテニス中に、イリブは心臓麻痺《しんぞうまひ》でシャネルの目の前で死去する。40代の盛りだった。50代を迎えたシャネルの熱情の顛末はまた孤独を呼んだ。

カペルと結婚していたら、ウエストミンスターと結婚していたら、イリブと結婚していたら……、シャネルはどのような人生を送ったのだろう。想像することもできない。

いずれにしても、シャネルは男を滅ぼしたとしても、男に滅ぼされる女ではなかったのだ。

さらに、蛇足に近いもう一言を、ここに披露しよう。

恋の熱情が冷めた晩年のシャネルは、恋の病いなど悪魔のなせる業とばかりに、風紀委員のごとく目くじらを立てている。


「わたしだったら、女を部屋に連れ込むような男たちは、さっさと追い出してしまうわ」


ホテル・リッツの小さな部屋を終の住処としていた彼女の、ホテルに対しての苦情にも思えるようなキラーワードである。

恋に対しての八つ当たりとも思える、嫉妬と怒りが入り混じったシャネルの姿を思い浮かべてしまう。

✣ この歳で、若い男に「あなたを愛したい」といわれたら、パスポートを見せてちょうだいなんていわないでしょう。

シャネルの人生において、もっともリスキーで劇的な恋愛があった。

第二次世界大戦中の、敵国ドイツの若き美貌の将校との出会いだ。

高貴な生まれのハンス・ギュンター・フォン・ディンクラーゲという男。

またまた、追いかけるより追いかけられるほうがいいと言う彼女の恋愛の流儀にものっとった恋に落ちる。

その頃、シャネルの元で働く男たちも戦争にかり出されてしまい、オートクチュール部門を閉鎖して従業員を解雇し、香水とアクセサリーの部門のみを残したシャネル。

実は、この恋にはシャネルの思惑があったのではないかと人は言う。恋愛遊戯などとは程遠い、ある意味、ディンクラーゲをどうしても追いかける必要があったのでは、と。

息子のように可愛がって育ててきた、亡くなった姉の息子、甥のアンドレ・パラスがドイツ軍に逮捕されたということを聞き、シャネルは釈放に奔走していた。ドイツ人であるディンクラーゲを頼りにしようと思ったのではないか。そういう理由があったかもしれない。

もちろん、それだけでのことではなかったようだ。

たかが恋、されど、これも恋は恋に違いなかった。

占領下のパリ、彼女のメゾン（オートクチュールの店）の最上階で3年に渡って交際は続いたという。

ともあれ、敵国の男である。スパイではないかという疑いもある男だった。終戦後はこのことで、対独協力の疑惑も受けることになったシャネル。敵国の男との恋愛はご法度。重い刑に処された女たちも多数いたという。

しかし、尋問は短時間で終わり、無罪放免となった。そのときに、一世一代の啖呵を切ったと彼女自身は言うのだ。

おみごと！　と言うしかない冒頭のキラーワード。まるで歌舞伎じゃないか。

余談だが、坂東玉三郎の十八番《おはこ》『女暫《おんなしばらく》』のシーンが浮かぶ。勇ましく大勢を相手に大立ち回り、そして大見得、大啖呵を切った後、ことを収めて玉三郎演じる、巴御前《ともえごぜん》は、へなへなと座り込み、急に女らしくしくしとやかになるのも見どころなのだが。

伝説は面白くなくては伝説ではない、というシャネルのことだ。後づけくさいが、天晴《アッパレ》なセリフである。

第二次世界大戦中に、イギリスとドイツの単独講和を真剣に考え、ウエストミンスター公爵の繋がりで知りあいになった時の首相、チャーチルに直談判を試みようとしたというシャネルの大胆な発想と行動。それについての取り調べもあったかもしれない。

が、真実はいまだ謎のままである。チャーチルの助けも働いたという説もある。

その後、件のチャーチルの勧めもあり、二人はスイスへ移住。その時、そこから15年近く続いたシャネルの休息が始まる。

恋、戦争、スパイ、ミステリーのど真ん中にいたシャネルの人生は、まるで歌舞伎かオペラか映画だ。

✣

伴侶のある人生というのは、なんといっても孤独とは違うものだわね。一人でいるということは、なんて恐ろしいことだろう!


ファッション・デザイナーとして成功し、多くの男たちともドラマチックな恋を重ねて、名声も財力も手にしたシャネルでも手に入らなかったもの、それは「結婚」と「家庭」だった。

シャネルにとっては、見果てぬ夢というべきなのか。

彼女は結婚をせずに、仕事だけに生きたい、と思っていたわけではない。運命に身をまかせ自由に生きていたという人物なのだが、結婚して家庭を持つことへの想いをたびたび言葉に託して、見果てぬ夢として追いかけていたようだ。

「家庭」は憧れだった。

確かに彼女の「家族」の縁は薄い。

母と死別し、父とは生き別れた。父は彼女がどんなに有名になっても姿を見せなかった。

一緒に少女期を修道院で送ったという、姉ジュリアと妹アントワネットはといえば、二人とも自殺をし、母のもとへと逝った。

これほどの悲劇、孤独があるものだろうか。

1910年、シャネルが帽子店「シャネル・モード」を出した年に、姉ジュリアが逝った。迷うことなく姉の息子の6歳になったアンドレを引き取ったシャネルは、自分の息子のように愛を注いで育てる。

次いで、その娘のガブリエル・パラスが成長するにつれ、シャネルの仕事を手伝わせるようにし、側に置いたのである。

妹アントワネットは、叔母アドリエンヌとともに、シャネルが新たなファッションを打ち出すたびに広告塔のような役割を果たし、シャネルの発展に手を貸してもいたのだが、シャネルが37歳の1920年に、この世を去ってしまう。

3人姉妹のうち、残されたのはシャネルだけとなった。カペルが亡くなった翌年のことだった。

自分の味方になってくれる存在が次々と、自分を置き去りにすることで迫り来る孤独。そんなシャネルの孤独観は人並み外れていたことだろう。

ところが、そんなことにお構いなしとばかりに、皮肉にも仕事の評判は高まっていくのだ。不幸が起きたその頃、香水「No.5」、次いでイミテーション・ジュエリーでシャネルは確たる地位を築いていく。不幸の見返りとも思えるように、成功という幸せに恵まれるシャネル。

だからこそ、「家庭」への渇望は、人並み以上のものがあったことだろう。

ガブリエル・パラスが残した言葉がある。

「ベニーおじさまとの間に、子どもができたら、
喜んで結婚していた」

と、生前のシャネルは、甥の娘にそう話していたというのだ。

確かに伴侶を得たら、子どもを産み育てる。彼女の「結婚」とは子どものいる「家庭」のことなのだろうか。

ウエストミンスター公爵の世継ぎが産めないなら身を引くべきだという、律儀で真摯《しんし》な姿勢がここにも見えてくる。

しかし、結局は、

「女のわたしのほうが強いのに、
その女と暮らすことは、
男にとってむずかしいことでしょう。
そしてわたしにとっては、
自分より強い男と暮らすことは、
できない相談です」

結婚についてのセオリーたる、シャネルのこんな「箴言」の一つが浮かんでくる。ならば、生涯独身は自明の理か。

彼女が生み出した数えきれないほどの製品であり、作品でもある伝説的ファッション。これが彼女の子どもたちであり、伴侶は仕事ではなかったか？

否、そんな勝手なこじつけも陳腐に思える……。

とにかく、ココ・シャネルに「マダム」は似合わない。

永遠の「マドモワゼル」なのだ。そこには切なさが隠されている。それを知ると彼女の人生の奥深さが見えてくる。

Chapter 4

自愛・正直に自分ファーストでいい!

必要なのは
嫌われる勇気

✣ わたしは自分の才能を爆弾に使ったのだ。

1910年、27歳でパリのカンボン通り21番地に「シャネル・モード」という帽子店を出し、「自分がかぶりたかった」革新的な帽子を世に打ち出したシャネル。以降、四半世紀にわたる彼女のファッション界における「革命」は負け知らずで続いた。その都度、ファッション界やマスコミ、流行に右往左往する上流階級の女たちに、センセーションを巻き起こした。

30歳でリゾート地のドーヴィルに出店。翌年第一次世界大戦が勃発するも、その脅威を逆手にとって、男物の下着素材を活用したジャージー・ドレスを考案・発表して世間の度肝を抜く。大戦中には貴族たちの疎開先にもなった、同じくリゾート地ビアリッツに、新たな本格的高級注文婦人服（オートクチュール）の店も開いたシャネル。32歳のときだ。

終戦を迎えた36歳のときは、パリ・カンボン通り31番地にメゾンを出店。そこから彼女のファッション・デザイナーとしての地位はますます確立されていく。

1920年代に入っての43歳のときには、顧客の上流階級の女たちを「貧乏にした」とも言われた、シンプルな黒いドレスを発表。リトル・ブラック・ドレスの誕生はそれまでの価値観を揺るがした。

イミテーション・ジュエリー、そして香水「No.5」、ツイードの女物スーツなどの出現は、常に「驚き」に満ちたシャネルの才能であった。

ファッション・デザインは時代とのコラボレーションだと言うシャネル。

常に世の中を先読みし、先取りできる能力に長けていた。

そして、それを形にして、世間や女たちにぶつける。

その才能を称して、彼女曰く「爆弾」、いい得て妙である。

まさに、ただ事ではない。それまでのファッションの常識をひっくり返すような製品ばかりなのだから、それは「爆弾」そのものだ。彼女はいつも平然として、自分が好むものだから人も好むだろうと、悠々としていた様子なのだが、毎回、命運を「賭けた」勝負だったことには違いないはずだ。

人を驚かせるのが好きだと言うシャネル。単に服をつくり出すことが愉しいだけではなく、人々の反応や評判を手にすることができる仕事を、生涯続けていきたかったのだ。

なにより自分の存在を限りなく知らしめることができる仕事が、ファッション・デザイナーという職業だったのである。主張がなくてはいけない。彼女の生み出すものは、革新のために、いつも人を驚かせる「爆弾」だったと言えるのだ。

自分のセオリーを女たちが受け入れて身に着ける。いや、身に着けさせることに成功できるかどうか、それが彼女の一番の狙いであった。

「わたしは復讐したいのよ」

この物騒なシャネルの想いは、1924年以来、シャネルと香水の会社を共同事業として手がけたヴェルテメール兄弟に向けての発言だ。香水を巡って、協力、衝突、和解、訴訟などを繰り返してきた関係であり、その中で飛び出した言葉である。それに限らず「復讐」は「服」という「爆弾」で達成されていった。

貧しい暮らしの中、病気で衰弱して亡くなっていった母ジャンヌ。子どもたちを育てることができず、娘たちを捨てた父アルヴェールも貧困に負けたのだ。

対して世襲の財産をあてにして、仕事もしないで遊興にふける上流階級の社会に、思いがけなく身を置くことになったシャネルは、絶対的カリスマなポジションを築き、そこで着飾る女たちに、自分が思うような装いをさせ屈服させる。女たちの心を奪い、自由自在にしたシャネルの「無血の復讐」は、果たされたと言っていいだろう。

そんなシャネルの才能の一つに「言葉」があり、その舌鋒《ぜっぽう》の鋭さに皆舌を巻く。自らの「箴言」をつくり、残そうと勤しんだ。

コンプライアンスなどという規制がない時代に、大人、特に紳士たるものは批判精神を持って的を得た「悪口」を発露してこそ、面目躍如という価値観もあった。シャネルも大いに真似をしたのである。

紳士のすることを本歌取りし、女が愉しんではいけないのは不公平、と言わんばかりに言いたい放題。

殺し文句はお手のもので、嫌われることを恐れない毒舌、舌禍《ぜっか》を巻き散らしたことでも有名だ。

その鉾先《ほこさき》が自分でないことを祈りつつ、周囲も大いに沸いたことも事実のようだ。

「独創的な発想は失われる運命にある」

と、これはクチュリエの先駆者であったポール・ポワレのつくる大袈裟なデザインのことを敵視して、批判する物言いなのだが、30年代に入って、一躍台頭してきたエルザ・スキャパレリという女性ファッション・デザイナーを批判する言葉としても当てはまる。

独創的発想というと、シャネルの唯一無二な製品も、かつては独創的であった。誰も考えないような発想から生み出されたのだから。

だが、シャネルの言う「独創性」というのは、スキャパレリが身に着けている派手な色遣いや、次々と発表する前衛アートのようなデザインのことを指している。エレガントさに欠け、奇想天外でいったい誰に似合うと言うのか、という批判なのだ。ファッション誌などが彼女に注目することも気に入らない。衣装ではなく仮装のためのファッションだと公言する。スキャパレリが貴族の血を引いていること、ポール・ポワレの支援を得ていたこと、コクトーやダリとコラボすることなどにも憎しみを募らせたのだろうか。

パーティで一緒になったこの「後輩」を、ろうそくの側に誘い、なんと彼女の服に火を燃え移らせて、大慌てのスキャパレリを嘲笑したという。

それくらい、彼女と作品を全否定した言葉に込められたものは、奇抜なものなんかすぐ飽きられてなくなってしまうからね、という宣告なのだ。結果として、シャネルの言うとおり、スキャパレリは、シャネルが復帰して間もなくファッション界を退くことになった。

シャネル本人が、敵を退治した武勇伝のように平然と語る「いじめ」についてはともかく、彼女の強い批判精神と舌鋒は、なにも、彼女が社会的に力を持ってからのことではなく、生まれついてのもののようだ。

少女のときからの筋金入りの批判・批評と、歯に衣を着せない「真実」の叫びは止まらなかった。それは生きている証拠であり、男顔負けのチェーン・スモーキングよろしく、チェーン・スピーキングとなって言葉の「爆弾」のようにさく裂する。
敵あるいは仮想敵と見るや、その「爆弾」はお見舞いされた。

✣ もし、あなたがいますぐここを出て行かないと、わたしは5分後には千年も年をとることになる。

アメリカから来たという若いジャーナリストが、飛び込みでシャネルにインタビューを申し入れたときのこと。その男はインタビューのやり方に改革を試みているから、たった3問で済むと頼み込む。

だが、すぐさま彼女のアイロニックな発言が飛び出し、ジャーナリストを追い払った。質問がいけなかった。シャネルはつむじを曲げた。

一問目にして、「あなたはおいくつですか？　マドモアゼル？」という身上調査のような質問である。馬鹿げた質問だ。

「そんなこと、あなたに関係はありません」と言い放つシャネル。

「それじゃ答えになりませんよ、マドモアゼル」とたたみかけるジャーナリスト。

「そのとおりですよ。では答えると約束したから、いまそれを差し上げましょう。
いいですか、わたしの歳はその日にもよるし、わたしが誰と一緒にいるかにもよりますね」

と、ウイットの利いた答えを出した。

その答えに大いに成果を感じたジャーナリストだったが、そこですかさず彼女の静かなる復讐の言葉は続いた。

「お待ちなさい。わたしの答えはまだ終わっていませんよ。まだその先があります」と言い、つまり、あなたのような人と一緒にいると、うんざりしてきて5分ぐらいで100年も老いるだろうと告げる。

ジャーナリストはしっぽを巻いて退出したという。

「これは頭にきたわね、わかるでしょう?」と、そこに同席していた、彼女の回顧録の著者、マルセル・ヘードリッヒに同意を求めたという。

テープレコーダーを用意して、シャネルの回顧録のインタビュー中だったヘードリッヒは痛感しただろう。マドモワゼルは手ごわいぞと。一筋縄ではいくわけがないと。

ファッション界伝説の女、復帰後のシャネルに改めて敬服し、これからのインタビューにどのくらいの困難が待ち受けているのか怖気が走ったことだろう。

年齢をたずねられることは、フランス人は特に嫌うことなのである。

私の経験からみても、初対面の相手にたずねることなどほとんどない。日常の中で、相手が何歳なのか知ることに、なんの意味があるのかという価値観である。自分がいま対峙している相手を、自分自身で見極めればいい。正解はいらない。そこは日本人とは大きな差があるかもしれない。


「若さと年齢は別のものだ」


というシャネルの価値観や生き方は、フランス人としてさほど珍しいものではなく、フランス人のなせる業だとも思う。

自分らしくありたい。お金は二の次で、まずはやりたい仕事をする。自分の仕事に誇りを持つ。周りと同じは絶対に嫌だ。シャイなのだが、しゃべり出すと意見を限りなく言う。主張するためにデモもストライキもする。

ココ・シャネルは別格だとしても、皆シャネルの精神に近い、自分らしさを大切にする生き方をしている。

いい意味での自己中心主義。エゴイストであることも、自分らしさのうち。お互いに誰もとがめない。

アートや映画が大好きで、芸術家へのリスペクトが高く、とにかく美意識に長けている。誰もがお金をかけなくても、自分らしい着こなしをしている。

そんな相手にまず、年齢をたずねたインタビュアーは愚かである。

後の二つの問いも聞いてみたかったけれど……。

ともあれ、71歳で奇跡の復帰を果たしたマドモアゼルに年齢を聞くのは、デリカシーがなさすぎる。

1950年代半ばでは、70代になったら引退は当たり前という認識が常識だっただろう。生涯現役という考えはまだ希薄で、「働かないと食べていけない可哀そうな老人」というイメージがある中、その年代でまだまだ元気に仕事を続けるシャネルだったから、リスペクトを込めたつもりで、若きジャーナリストは、そう質問したつもりだったかもしれない。

シャネルにしても、「無礼じゃないか」と言えば済むところを、もの凄くウイットの利いた応えで怒りを伝えているのだから、それでも礼を尽くしたつもりなのではないか。とにかく面白い。

ただ、復帰して最初のコレクションの発表に対して、古臭い、年寄りの服だと散々酷評されたこともあり、年齢についてはナーバスになっていたかもしれない。

回顧録の書き手の候補者の中に、才能あるアメリカの若き作家、トルーマン・カポーティがいて、彼に自分は年寄りではないというユーモアに満ちた主張をしている。結構必死に言っているようにも思え、真剣だったかもしれない。

「わたしの頭の中を切ってみてごらんなさい。中は13歳よ」

残念ながら、カポーティは書き手を辞退したという。

というわけで、シャネルの怒りは、「歳相応」に判断されるという一律の考え方に向けられたのだろう。

年齢で判断されるということになると、同年齢は皆と同じという認識にもなる。だから、フランス人、特にシャネルに年齢なんかを聞くのは禁物なのだ。

❖ わたしのパールの首飾りを全部持ってきてちょうだい。パールをつけずには仕事場には行けないわ。

1936年のパリはゼネラル・ストライキが盛んになり、働く者たちの権利主張のるつぼとなっていた。シャネルは53歳となり、従業員4000人近くという大規模な企業の、図らずも大オーナーとなっていた。

前年にはポール・イリブの急逝という不幸に見舞われていたものの、仕事面では順風満帆、自信に満ちたその姿は美しく、人生の絶頂期を迎えていた。

しかし、シャネルに休息は許されないのか、従業員たちが御多分に洩れずストライキに入ったのだ。

社会の潮流の連鎖に巻き込まれたという感じであった。

いったいなんの不満があるというのか、シャネルは納得できない。

給料面に不足などあるわけがない、バカンスもたっぷりと与えてきたと、反抗する従業員に怒りさえ感じる。

会社が大きくなって、以前のようにシャネルと語りあったり、相談したりする時間がないことが不満だと言うお針子たちもいたという。

そこで話しあうためにシャネルは見繕いを始める。

そのときに側近たちは、こんなときに着飾るのはふさわしくないのではと、シャネルに進言したという。

それに対してシャネルは毅然として言ったものだ。わたしはきちんとしたいつもどおりの姿でなくてはいけない。それが自分という者で、それでこそ人と会えるというものだと主張。シャネルのスタイルは揺るぎなく、恐れを知らないものだった。

そんなに働きたくなければ働かなくてもいい。仕事がないということがどのくらい退屈で辛いものか思い知ったらいいのだ。という啖呵も飛び出したという。

それだけ彼女は従業員たちの面倒をしっかり見てきたつもりだし、親身になってきたつもりでもあっただろう。

人に厳しく、自分にも厳しいリーダーとしての自分を、わかってもらえないことのもどかしさや苛立ちは募るばかり。彼らの行動は裏切りにも思え、多くの人々の上に立つ者が味わう孤独というものに襲われもしただろう。

一方で彼女の日頃の厳しさは半端なものではなかった。それを理解できない者がいてもおかしくはない。仕事の待遇だけのことではない不満が爆発してのストライキだったかもしれない。

事業を拡大するにつけ、人を使うことの難しさに辛酸を舐《な》めねばならなくなったシャネル。

だが、彼女の荒ぶる魂はいつだって恐れを知らない。

嫌われる勇気がいつもあった。


「わたしは仕事を中途半端にしたことは一度もない。

人に対しても生ぬるい感情は抱かない。好きか、嫌いかよ」


上司としてのシャネルに「妥協」の文字はなかったようだ。シャネルが嫌う、シャネルも嫌われる、お互いさまよということで。


「みんなちっぽけな幸せについて話をする。

ちっぽけな幸せ。

ちっぽけな不幸せ。

うちのモデルの誰かが不幸な話をすると、わたしはこういってやるのよ。

まあ、可愛そうに。

いっそのこと、

あんたの上に大きな不幸が舞い降りてくるといいと思うよ。
そうすれば、あんたにはとてもいいだろう。
あんたはまだ、大きな不幸がどんなものだか知らないんだから」

悪魔のような言葉。相手は泣き出してしまうかもしれない。いや、生ぬるい同情の言葉より、これも「愛の鞭」だろうか。なにくそと奮起する可能性もある。

自分ほど大きな不幸に見舞われた女などほかにいないだろう、という自分の「不幸」と比べて、あなたはまだ、ずいぶんと幸せなほうよ、という慰めを裏返して言っているのだと思いたい。

子どもにビタミンやら甘やかしはタメにならないと公言していたシャネル。

自分のように逆境に耐えてこそ、自分の思う人生を切り開けるのだという教えが込められているのだ。そう、愛の鞭なのだ。

シャネルのメゾンで働く女たちにはモデルもたくさんいた。

美しく若い女たちに囲まれていても、シャネルの輝きは誰よりも目立っていたという。コレクションを際立たせるためのモデルの女たちには、厳しいしつけもいとわない。

「自然のままに、
でも放っておいてはいけません。
ダンスや空手や散歩をなさい。
食事は少しでも、たくさんでもいいけれど、
すらりとした肉体を保つこと」

シャネル自らも生涯にわたってスリムな体形を保っていた。スリムだから、いつでも駆け出すことができるのだと言っている。

「いつも、メイクは忘れないように。
誰と会うかわからないからね」

と言うシャネル自身、誰よりもきちんとメイクをした。晩年の厚化粧も、シャネルのキャラクターを濃くしていた。

「あなたはわたしをはじめ、ほかの人たちに

夢を与えなければいけないのよ。
それがメイクもせず、
ちゃんとした格好もしないのなら、
お掃除でもしていなさい」

言いつけを守らないと厳しい罰則が科せられる。いまならパワハラとされそうだが、これもしつけなのだ。愛の鞭なのである。

「自分がなりたいと思わない限り、
病気になんてならないものよ」

こちらも手厳しい指導である。シャネル自身は、風邪気味だったら厚着をして自然治癒させる。骨折も医者に行かずに自分で治してしまったとか。
部下たちは病気にもなれそうにない。

「人は怠惰の中で醜さに慣れてしまう」

このシャネルの「箴言」こそ、すべての女たちへの厳しいお達し。

耳が痛いばかりである。しかし、救いの言葉もある。


「生き生きとしていれば、醜いということはない」


とのことであるから。

いずれにしても、手のかかる女たちを手なずけることも仕事のうち。

だが、目をかけ信頼していたスタッフも、結婚や転職を理由に離れていってしまうことも宿命だ。

もっとも目をかけていたモデルのマリーに、もうモデルはやりたくない、といわれて去っていかれたときは激しい孤独感に襲われたようだ。母娘のようだとも、恋人同士のようだとも言われた二人だったのだが。

しかし、深追いはできない。強がりを言って自らを鼓舞するのだ。

「マリー・エレーヌがもう、
モデルをやりたくないと言うんだから、

ほかの娘にするほかないわね。誰だって、
それに代わる人間というのはいるものだ」

と、心にもないことを言って、自分の傷ついた心を慰める。

自分のせいではない。自分が嫌われたわけじゃないと。

私もささやかながら二つの会社を起業する中、若い方々を指導しなくてはならない立場にある。好きな仕事をするためとはいえ、会社のトップが抱える人間関係には大いに腐心した。

期待できる相手には愛の鞭をガンガンお見舞いした。やめていくスタッフも少なくない。その都度、厳しすぎたのではないかと自分を責める。そういうときに感じる寂しさや孤独感は、上に立つ者にしかわからないものだ。経営者仲間と、その悩みを打ち明けあった。自分がなにか悪いことをしたから、部下が去っていくのではないか、皆と、その思いにさいなまれると言いあったものだ。

だからこそ、最近では特に、去っていったスタッフが、成功してその成果を伝えに来てくれることや、彼ら彼女らとの再会が幸せに思えてならない。

そんなことだから、100パーセントシャネルを支持してしまうのだ。私にとって、彼女はビジネスウーマンとして生涯のメンターである。

自分で自分をダメにしないためには、自己肯定しかない。自愛が大事だ。

それでシャネルは生き延びていった。

「この人たちにいろいろ心配なことがあっても、
それは仕方がない。
お前はそんなことに首を突っ込むな。
お前はコレクションを仕上げなくてはならない。
決して怒りに負けてはいけない。お前には辛抱できる。
わたしは女王蜂なのだ。
わたしは獅子座の星の下に生まれた女王蜂だ」

と、自分ファーストで前進してこそ、思うことをやり遂げ、続けていけた。

ファッション・デザイナーの華やかなるイメージに隠された、実業家として4000人を相手に孤軍奮闘するシャネルの姿は、猛々しく、また痛々しくも映る。

同時に、大勢を雇って経営をしたビジネス・リーダーとしての経験もまた、さらにシャネルを強くたくましくしていったと言えよう。

✣ その見栄えのしない髪をそれ以上長くしてはダメ。切らないと。

ココ・シャネルと仕事をするなら……。当然彼女の気に入らないことは許されない。仕事をする女はショートヘアでなくてはならないというのが、彼女のお約束。活動的でキビキビと働くためのスタイルだと、シャネルはショートヘアを女たちに推奨し、自らも生涯徹底した。

1922年に刊行されたヴィクトル・マルグリットの『ラ・ギャルソンヌ』という小説が大ブームとなり、主人公の少年のようないでたちが女たちの間で流行した。新時代の斬新な女性像がイメージされる、センセーショナルな作品だった。

それをいち早く取り入れたシャネルは、短い髪こそ20世紀の女のスタイルだと、お得意の本歌取り。先陣を切るかのように、自らロングヘアをバッサリ切りショートヘアにした。そのヘアスタイルに合うファッションを考案していく。

彼女の生み出した活動的なドレスにはショートヘアがマッチして、シャネルのスタイルを確立していったのだ。

女たちはこぞって髪を短くし、シャネルの服を身に着け、最新スタイルになって闊歩《かっぽ》した。ショートヘアが流行ったのではなく、わたしが流行ったのだと主張するところが、シャネルの上手さ。言葉の使い方、自分のプロモーションのキャッチフレーズのつくり方や使い方の上手さは常に群を抜いている。

本題に入ろう。仕事をする女はショートヘアというお約束は、たとえロシアの気高き貴族の娘であっても、変わることはない。

恐れ多くも、ロマノフ王朝のアレクサンドル2世の孫で、ニコライ2世のいとこ、マリア・パヴロヴナ・ロマノヴァである。女の命ともいわれた美しく長い髪を切れと命じられても、そう簡単には屈服できるものではない。

間髪を容れず、シャネル自ら鋏で一房カットする。その瞬間からマリアはもう、ショートヘアの「新しい女」になってしまったのだ。そして次の注文は、

「関わりを持ちたいなら、裕福に見せること」

と、元は裕福の極みであった貴族に言うのだから、絶句する。落ちぶれ貴族となった女が路頭に迷っているにも等しいというのに、容赦のない文句である。

貧相に見せていると、ファッションの仕事には向きませんよ、とばかりに。

しかも、過酷な命令をされているマリアは、シャネルと恋愛関係にあったと言われるディミトリー大公の姉なのだから仰天する。しかし、手加減など無用のシャネルだった。

ロシアから亡命して職も見当たらないときに、シャネルが雇うことになったのだ。お姫さまと言ってもいいほどの、大公の姉を大変身させようと、まずはパリで「生き直す」ための改造を試みたシャネル。

香水にしても宝飾品にしてもそうなのだが、ロシアの貴族たちが栄華を極めた文化・芸術というものの素晴らしさに、シャネルだけでなくフランス人は、ロシアの持つエキゾチシズムとして注目してきた。

ロマノフ王朝が誇るバレエ、音楽、服飾品などの芸術などに見られる本物の贅沢というものに心を奪われるのだ。異国趣味はもともとポール・ポアレがファッションに活かしてきたが、シャネルはそれとは別格のセンスで、ロシアの刺繍《ししゅう》を新しいイメージづくりに活用した。

親友となったミシア・セールの顔の広さによって、ロシアからの亡命者とのネットワークを築くことができたシャネル。亡命者への支援をミシアが後押ししていて、財力ができたシャネルもそれに倣《なら》い、あくまでミシアに知られないようにして支援をした。

ディアギレフ、ストラヴィンスキー、ディミトリー大公たちとの交流は、シャネルに多くのインスピレーションを与えてくれた。

イミテーション・ジュエリーのアイデアの源となったディミトリー大公。その姉からは、ロシアの伝統的刺繍の技術を得ることになった。それによって、ロシア刺繍が豪華にセンス良く施された服が生み出され斬新なファッションとして注目を集める。

国を追われた高貴な人々の「不幸」をシャネルは救い、シャネルも救われたというわけだ。こんなチャンスはそうあるものではない。シャネルのメセナ的互助をファッションに活かすという発想は大したものである。

ジャージー・ドレスに次ぐ快挙といえよう。

マリアはシャネルの厳しさを果敢にも受け止めながら、これまで手がけたことのなかったミシン刺繍を1か月で習得。シャネルのイメージに沿った刺繍を生み出していく。シャネルの服づくりに大いに貢献したのだ。

パリにアトリエ・キトミールという刺繍の制作会社をつくって高く評価され、シャネル以外の受注も受けるほどの功績をあげていったという。

貧しい生まれの女が、働かなくてよい貴族の女を働かせて生まれた「本物」の刺繍のドレス。ロシアを凌駕したフランスという意味も孕《はら》んで、なんとも興味深いものだ。

シャネルの薫陶を100パーセント受け止めて成功したマリアのポートレート写真を見ると、

ハッと息をのむ。そこにはリトル・ブラック・ドレスに何連ものパールのネックレスを身に着け、まるでシャネルに生き写しのパリジェンヌとなったマリアが、美しくたたずんでいる。

そして、シャネルのワンマンぶりは続く。

ツイード地を上手に織る技術者を探していたシャネルは、マリア・ケントという女を訪ねる。

自分の服づくりには、あなたのつくるツイードが必要だから、絶対に織って欲しい。ただし、ほかのクライアントとは仕事をしないで欲しい。と頼み込んだというのだ。

そして、ケントにシャネルは言い渡す。


「わたしなしでは、あなたは存在しません」


自信に満ちた宣告のようなもの言いは強烈だ。

ケントは承諾して、シャネルのために手を抜くこともなく、ツイード織りに心血を注いだという。

ケントが生み出した織物に対する評価は高く、これほどのツイードはほかにはないとの評判に、シャネルはたいへんご満悦だったとか。

のちにケントはシャネル御用達の織物を手がけたことを実績にして、その道の第一人者となっていったという。

シャネルとの厳しい仕事が、その後の発展の大きな影響力となったことに、二人のマリアは感謝の言葉を述べている。ケントはシャネルとの交流を一冊の著書に残し、その脅威とリスペクトについて回顧している。

シャネルの「脅し文句」が、女たちの人生を成功へと導いたというわけだ。

❖ 上流階級は不誠実だけど、面白い。楽しんでいるわ。

22歳で上流社会に迷い込むことがなかったら、シャネルはファッション・デザイナーにはならなかったかもしれない。コルセットで動きにくい華美な装いの上流階級の女たちを見て、男好みで時代遅れな装いに違和感を持ち、新しく動きやすいものに変えてみたいという衝動にかられたシャネルだった。

以来、彼女のファッション・デザイナーとしての活躍は、常に上流階級の女たちに支えられてきた。そのソサエティを股にかけて躍動し、刷新することに成功したのだ。

裕福で高貴な女たちは流行に敏感で、好奇心いっぱい。地位ある夫の庇護の下に、美しく着飾って人生を送っている。

高級注文服のデザイナーは、彼女たちの注目をいかに集めるかに勝負を賭け、シーズンごとに人気の取りあいをすることになる。

シャネルは、ファッションの仕事を通じて、嫌と言うほど女という女と縁を持ち、女というものを知り得ることになる。その裏表のすべてを。

大事な顧客であるにもかかわらず、遠慮なく、鋭い批判のまなざしと発言を向けた。

「女のおかげで出世した男なんて見たことがない。

その逆に、女のために駄目になった男はたくさん知っている。

不公平だが、たいていの男は妻を見て判断されるからだ」

夫の評判を落とすようなマダムたちの言動。仕事柄、誰よりもたくさん垣間見てきたシャネルのリアルな発言はいくらでも出てくる。

「男はずるい者が多いが、女は一人残らず皆ずるい」

ファッションに移り気なのが女というもの。知らない間に、シャネルのメゾンでつくったふりをしてよそで服をつくり、知らんぷりをする。そんな裏切り行為をしても、シャネルの服を着ていないと仲間から外される不安もあり、シャネル離れはしづらい。そんな女の心理もシャネルは、たっぷりと知り得ている。

いちいち気にしていては身が持たないから、親しい婦人からの注文には真摯に応えつつ、復讐の想いを言葉で贈る。

若く見える服をつくって欲しい、死ぬまで着られるような服を、という作家ポール・モランの妻エレーヌの注文でさえ、匙加減《さじかげん》をして応えはしなかったというのがシャネルの流儀。生ぬるい応えは無用なのだ。

「年寄り向きの服なんてありません。
歳を取ったら流行に敏感でなくては」

その上で、親切にアドバイスをし、話題となっていた黒いドレスを勧めたという。

「若く見せようとするってことは、もう若くないってことよ」

と言い得て妙な教示を、女たちに与える。おまけに、辛辣の度合いにも限度はなく。

「シャネルを着たからといって、エレガントにはなれない」

そして、

「知的な女は100万人に5人よ。

誰がそんなことを言うのかですって?

女に決まっているじゃない」


という爆弾発言を平然とする。

反応を面白がっているようだ。これはシャネル自身の本音に違いない。

この話には落ちがある。

そういう、知的ではない女たちがいなくなったら自分の服は売れなくなる、と言うのだから、もう笑い飛ばすしかないだろう。

冗談とは思えない冗談の名手なのである。

しかも、救いを出すところで逃げ道を心得ている。

「良くできた女というのは
女をうんざりさせるし、
男にとっては退屈よ」

だから、シャネルは憎めない。
嫌われることを恐れず、媚びない。本当のことをいつも発言するシャネル。
そこが、ほかの誰も真似のできないシャネルの魅力の一つになっている。

❖ スクリーンが生んだ最大の女優グレタ・ガルボは一番着こなしが下手な女性だった。

留まるところがない口の悪さ、罵詈雑言《ばりぞうごん》は、ココ・シャネルの生きている証しでもある。
シャネルがハリウッドに招かれて映画の衣装デザインを手がけたときに、ガルボをはじめ、マレーネ・ディートリッヒなどの女優たちを紹介された。

その中でもガルボの着こなしだけをクソミソに言うのがあからさますぎる。影響力のある人間が公言すれば、それなりの反響が生まれてしまう。そのとおりと喝采し、賛同する者だって出てきそうなシャネルのキラーワード。

後のことなど気にもかけないシャネル。普通の女たちがする噂話のように、独自の審美眼を包み隠さず口に出してみただけなのだろうが、的を射ているからあなどれない。

相手が有名な存在だからこそ、こき下ろすに足るというわけだろう。

美人だろうが大女優だろうが、着こなしが上手いとは限らないということを指摘しているのだ。

美しいのにファッション・センスがない女優といえば、誰もが何人か想い起こすことはできるはず。美しいだけに、有名なだけに、標的にされやすく気の毒といえば気の毒である。

着こなしが悪くたっていいようなものなのだが、やはり大衆の憧れという座にいたら、着こなしには最大の努力を払うべき。「公共的」な立場にあるアイコンたる存在の着こなしには責任がある。それがマナーではないか。

と、シャネルからのお叱りがきそうである。

でも服のセンスは、お金で買えるものでもなし、責められても、やはり本当に気の毒だ。

そして、妄想うごめく言葉でもある。

1848年にフランスの作家アレクサンドル・デュマ・フィスが著した小説『椿姫』は大評判となり、1858年にはジュゼッペ・ヴェルディによってオペラ化され、さらに有名になった。その後サラ・ベルナールが舞台で演じ、シャネルはそれを絶賛。あれほどの悲劇と不幸はないと、まるで自分のことと引き比べるかのように心酔していたと語っている。

その後映画化された『椿姫』(1936)は、グレタ・ガルボが主演したのだが、それが気に入らなかったのだろうか。映画衣装の依頼が来なかったからかもしれない。自分の大好きな小説の映画化なのに。ガルボ31歳、シャネル53歳のときだ。

シャネルと彼女の服を愛した女優たちといえばロミー・シュナイダー、ジャンヌ・モロー、デルフィーヌ・セイリグ、カトリーヌ・ドヌーブ、イングリット・バーグマン、グレース・ケリー、エリザベス・テイラー、アニー・ジラルド。歌手のジュリエット・グレコもシャネルの黒いドレスの愛好者だったようだ。

ディートリッヒのワードローブにも、シャネルのスーツが収められていたそうだ。

彼女たちの仮縫いは必ず自ら手がけたという熱の入れようだった。彼女たちからは仕立ての費用をとらない場合もあったとか。

動きやすく自立した女にふさわしいシャネルの服を着る女優たちは皆、シャネルのイメージを伝えるメッセンジャーとなった。

お気に入りの女優たちが映画出演する際には、精魂を込めて衣装をつくったシャネル。特にロミー・シュナイダー、ジャンヌ・モロー、デルフィーヌ・セイリグの映画衣装を多数手がけている。

ブリジット・バルドーは、セイリグがシャネルの数々の衣装を着こなして主演した『去年マリエンバードで』（1961）で見たドレスと同じものをお願いしたそうだ。シャネルは、それでは、あなたのファンが喜ばないでしょう、と言ってつくらなかったという。彼女らしいドレスを勧めたのだ。

エリザベス・テイラーがパリを訪れたときに身に着けていたシャネルのスーツの写真を見ると、その着こなしにはテイラーらしさが出ている。テイラーがスーツのボタンをすべて留めて豊かな胸を強調する着こなし方を、シャネルはこう評価する。


「なにをやっても許される人がいるとすれば、それはエリザベス・テイラーです。

彼女こそ真のスターね」


実際のところ、ガルボは、素材の選び方が天才的だと言われたファッション・デザイナー、マドレーヌ・ヴィオネを賛美していたそうだ。

その点においても、シャネルほど素材にこだわったデザイナーもいないのだから、比べても遜色はないはずだ。

ガルボのワードローブにはシャネルはなかったのだろうか。シャネルの宿敵でもあった、かのスキャパレリがハリウッドでガルボの服をデザインしたという話もあり、そのことも関係しているのであろうか。

いずれにしても、相手が有名な女優であろうが忖度《そんたく》などしないシャネル。嫌われそうな言葉をも自由闊達に発する、それが自分なのだからいいではないか、とばかりに。感じたままをそのまま自由に言葉にして生きているのが、シャネルという女。

彼女のキラーワードのどれをとっても、没後半世紀以上たった近年においても実に興味深く、新たな想像や空想、妄想を強いられる、ほかに類を見ない存在だ。そう実感させてやまないシャネルと、彼女のキラーワードなのである。

✣ 愛してないわ。あなたを愛していない女と寝るのって面白い？

こんな捨てゼリフ、一生に一度でいいから言ってみたいものだ。

シャネルの場合は、イギリスのウエストミンスター公爵に向けた言葉であるから、破格である。

王さまでも、殿さまでも、シャネルが相手だと勝ち目はない。

10年近くのつきあいが続き、その先は結婚するのか、しないのか。そういう時期を迎え、周囲はシャネルがウエストミンスター公爵夫人になるのではという期待もかけた。しかし公爵は世継ぎを欲しがった。シャネルは仕事を捨てて、世間がうらやむイギリスきっての大金持ちの公爵夫人になることを選ぶべきなのか。

イギリス国王のエドワード8世ですら、離婚歴のあるアメリカ人のウォリス・シンプソン夫人と恋に落ち、イギリス国王の座を辞退してウインザー公爵となった。そして、シンプソン夫人はウインザー公爵夫人となったのだ。シャネルだってウエストミンスター公爵夫人になることは絵空事ではなかった。ちなみにシャネルは、二人が結婚した際にプレゼントを贈ったそうだが。

一方、シャネルは迷うことはなかった。公爵夫人の地位を得たとして、その先には倦怠と公爵に寄生する生活しかないと言うのだから。

恋愛中の公爵との暮らしは釣りや狩り、船での遊覧三昧で楽しいものだったが、その間のシャネルの仕事はおざなりにもなっていた。

それでもシャネルは一日中狩りをして、夕食後にはパリに戻ってドレスをつくっていたという。200着ほどのドレスを3週間で仕上げていたというのだから、これほどタフな女がいるものだろうかと周囲は舌を巻いた。

恋愛があって仕事の原動力となり、仕事があって恋愛への意欲も湧いてくる。しかし、結婚となると話は別だ。

もうバカンスはお終《しま》いよ、と自分に言い聞かせていた彼女の、立ち去る意思や気配が公爵を揺さぶる。それまでも、公爵はシャネルのご機嫌を取るためには、なんでも高価なものを差し出したという。そのたびに「あなたの勝ちだ。あなたなしでは生きていけない」とまで言って、結婚をせがんだ。

それにしても、シャネルの答えとして飛び出した言葉は残酷すぎる。

だが、公爵はこの言葉だけで、はっきりと彼女が去っていくことを悟ったという。自分のやりたいことがなんでも叶うというわけではないことも痛いほど知った。

自分と暮らしたことで、それまで悟ることのなかったことを公爵は知ったのだと、シャネルは言っている。

ずっと周囲に甘やかされてきた彼が、シャネルによって人間的に大人になれたということになる。

やはりシャネルは、多くの人々のメンターとしての存在なのだろう。愛人、妻、母というよりも先生のような女。めったにいない。だから、恋が終わっても友情が芽生え、そこから新たな長いつきあいが始まる。

新たな妻を迎えたウエストミンスターではあるが、終生シャネルに好意を寄せて尽力した。

それを言ったらお終いだ、というような衝撃的な言葉でも、シャネルが言うと「魔法」の言葉になっていく。

わたしは小説のヒロインじゃない。
✤ 自分がなりたい道を選び、なりたい自分になった。
ひと好きのしない、嫌な女になったとしても、しょうがないわ。

呼吸をするのと同じくらい、シャネルは饒舌《じょうぜつ》で、毒舌で舌禍も起こした。それは実に、人間らしいことでもある。

言いたいことを我慢していたら、一度しかない人生を後悔することになる。そんな独自の人生観で自分らしい生き方をめざし、自分が納得のいく生き方を手にした。臆病だからよくしゃべる、沈黙が怖いからしゃべり続けるのだとも言うシャネル。

黙っていると存在理由を疑われるという概念が、フランス人にはある。「おしゃべり」するということは、基本的に奥ゆかしく、人見知りでシャイな気質とも言われるフランス人に共通している自己表現の一つだ。

私ごとだが、フランスの映画人をインタビューしていると、彼ら彼女らは実によくしゃべってくださる。限られた時間の中で、質問が1問しかできなかったこともあるが、もの凄く長い答えをくださる。もちろん、それが3問分の答えだったりして、事なきを得ることも少なくないのだが。

で、シャネルのモノローグのような、自分についてのおしゃべりは続く。

「みんなわたしが嫌いなのよ。

誰もわたしが好きじゃない」

と、インタビュアーに語るシャネル。

嫌われても構わないと言いながらも、それでへっちゃらという鉄面皮ではないのだ。内面は繊細で下品なことを嫌い、傷つきやすい側面だってある。

「プレスというプレスが、みんなわたしを目の敵にしている」

彼女の反論や毒舌を期待するのか、ゴシップ記者が好きなことを好きなように書くことに、腹を立ててもいた。

「世間はわたしのことを、ひたすら嫌みで意地悪な女だと信じている」

自分はこれといった主義など持っていたわけでもないが、人間と人生に対する義務も果たした。正義感があったおかげだからだと思っている。それなのに、人は世間の風評を信じ込んで、自分を嫌みな女と信じ込んでいる。だけど、自分は働いていて自分のことで精いっぱいで、他人のことなんて気にしていられない。このことを世間はわかってくれない。と彼女なりの心痛を吐露する。

それでも彼女は闘うことは好きだと言い、攻撃に強く、めげない精神をたゆまず持ち続けた。嫌われて孤立して、その孤独が身体を強くしてくれたとも言っている。

また、シャネルの才能の一つに思えてならないのが、自分を客観的に見られるまなざしだ。その客観性は少女の頃の孤独な時間に育まれたのだと思える。自分に向かい、自分を見つめる時間があったからだ。

「わかったでしょ、わたしが本当に嫌な性格だってことが」

他人にそう思われる前に先手を打つ。

オートクチュールのデザイナーたちが組合をつくり、意匠権を主張して自分たちの製品のコピーを禁じることに動き出しているとき、シャネルはそれが無意味なことだと主張。そもそも、デザインの源はパリの街に漂っていたりするものだから、同じアイデアが生まれたって不思議はない。それは真似でもなんでもない。また、コピーが出回り、そのデザインが大衆化することで、その大元の高級な注文服の価値も上がるというもの。

アメリカのように量産するという考えのほうが新しいくらいだというような理屈を述べ立てたという。そして徒党を組んで行動することを否定して、組合を脱退し孤立する。

そのことを、嫌な性格の女だと自ら評しているのだ。そんなことはない、正論だ。進みすぎている考え方だから周囲はついていけない。誰も気づかないことに気づいてしまうところに、彼女の孤立の原因がある。それを気にしているところが憎めない。

その上で、

「わたしにだって長所がないわけじゃないし、
結構チャーミングよ。
だけど欠点ときたら、我慢できないような欠点がいっぱい」

自分で自分を褒めたりけなしたりする。

「わたしには自分だけにしかわからない両極がある。
自分でも参ってしまう両極。
わたしはとても臆病で、しかも大胆、
とても陽気でしかも寂しがり屋。
激しいのはわたしの性格ではなくてこの両極のコントラストなのよ」

と、こと細かに自分を客観視して分析し、相手の理解を求める。

そのか弱いところも激しいところも、矛盾に満ちた難しい気性についても熟知していながら、あえて嫌われるような言葉で相手を挑発、幻惑して、新たな仮想敵をつくり出すシャネル。闘うことが大好きと言い、平穏な毎日だと幸せになれないどころか、退屈すぎてつまらない。嫌われるということは自分が存在している証し。無視されることは死んだも同じ。それより嫌われたほうがまだましではないか。

シャネルの孤独力は並外れたもの。戦国の武将にも等しいのだ。

嫌われてこそ、我がある。これぞシャネルの孤独の流儀だ。

Chapter

5

生涯現役・持続可能な力

一人でもやり直せる、あきらめない

✤ 哲学なんてものはないんです。

ココ・シャネルは15年近くのブランクを破り、71歳にしてファッション界に舞い戻った。現代ならば70代でもまだまだ元気で、現役を続けている男も女も珍しくはないけれど、1954年の話なのだから「奇跡のカムバック」と周囲を驚かせた。生涯現役の先駆者の誕生である。

しかし、シャネルの行動は先入観やイメージだけで、「いまさら」「古臭い」「過去の遺物」という色眼鏡で見られもした。頂点まで達したのだから、もうそれ以上はないというような、「過去の栄光」がむしろ裏目に出たりもする。年齢についての世間の先入観との闘いが、シャネルの復帰のスタートにはついて回る。

だが、若さと年齢は関係がないものだ、と彼女は言い、70歳代の持つ若々しさを見せつけ、自分らしさの持続を実践していった。彼女は衰えのないエネルギーを発揮する。鋭いまなざしでものごとを察知して、それまで以上の批判精神を絶やすことのない凛とした姿勢が、彼女のキャラクターを色濃いものにしていった。

饒舌の中に生まれる、舌禍にもなりかねない辛辣なキラーワードが冴《さ》えわたる。

復帰後のインタビューに答えるシャネルは、よくある質問に、お得意のクセのある言い回しをした。

「哲学」なんてエラそうなものは、自分の仕事にはありはしないのだと。

街を歩けばパリの空気の中にアイデアがあるし、それをモードという形にするのは自分だが、そのときの感性や直感がものを言うのだとばかりに、「手練れ」としての考えを一貫して述べてきた。

極論を言うなら、その場の「思いつき」が素敵なファッションを生み出したというようなことを言いたいのだ。

だから、モードははかなく、次のシーズンには滅びてしまう、とも語っている。自分がベストだと人に勧めたものは、もうしばらくすると新しいものに座を譲ることになり、それの繰り返しであり、そんな仕事が注文服のクチュリエというものだと。

自分の仕事はそんなものだから「哲学」とはほど遠い、というわけであろう。

キャリアの中で、そのように悟ったからこそ、復帰後のシャネルは新しいものを追うことを抑え、時代を超えて持続可能な女のスタイルを標榜する製品への取り組みに挑んでいった。

注文服が主流ではなくなる時代になったら、量産に対応する結果として、目先の新しい服がどんどん出回ってくる。その潮流に乗ってしまえば、本当に自分がつくりたい服をつくれなくなってしまう。

これも時代を先読みする彼女の才能の表れに思える。

そのために闘う相手は、クリスチャン・ディオールの「ニュー・ルック」だったり、その後の60年代を席巻した「プレタポルテ」の台頭、それを標榜する「ミニスカート」など。そこでたびたび飛び交う「流行遅れ」「古い」という言葉は、まるでシャネルが標的のようで、いちいち癇《かん》に障《さわ》る禁句だった。

そういう多くの「敵」を相手取っての孤軍奮闘は続いた。

叩かれれば叩かれるほどやる気になる。面白いと奮起もする。

彼女が「冬眠」している間の、戦後の急速な世界の変化に武者震いするシャネル。

そこには、旧態依然であろうとも、アナログな強さを誇る彼女ならではの流儀が活かされていく。


「ドレスのほうはもうほとんど出来上がったわ。

なにしろひとりでに、すいすいと出来てくるものでね」


と、インタビューを受けながら、身体で覚えた技術、まさに「手仕事」が生み出す魔法のド

レスづくりを披露していく。頭の回転の速さを褒められると、喜ぶどころか、

「わたしは手にふれるすべてのものを
黄金に変えるほど
商才にたけているように思われている。
でも、これって的外れ。
計算するときは、
いまだに5本の指で勘定するのよ」

と常にうそぶいて反論してきた。

「わたしにとって一日ごとに、
ものごとは単純になっていく。
なぜなら、一日ごとになにかを学ぶから」

生きている間、努力を怠らなければ、利口にもなれるはず。なにか一つでもものにできる能

力も備わるものだ。というシャネルの、「そうしない者」への訓辞。

身体一つで怠けないで働いてきたから、成功もあったし、いまもこうして現役で仕事をしている。そこには「哲学」なんてないのだ。と誰に言うでもなく、問う者を煙に巻く。

そして、「天敵」とか「毒ガス」のような効き目がありそうな言葉である「時代遅れ」に攻撃されたら、倍々返しで結論づける。


「わたしが流行遅れですって？　みんなが遅れているのよ」

さらには、

「わたしにはよくわかったわ。

みんなが時代遅れなのよ」


ココ・シャネルに敵なし。自分で自分を全肯定する強さが失われることはない。

これが彼女の戦法か。復活した分、最強となったシャネルであった。

すぐに来て、わたしたちには、10年しか時間が残されていないの。

第二次世界大戦が勃発した1939年、シャネルはアクセサリーと香水の部門だけを残し店を閉じた。

「いまはドレスをつくるときでも、夫が殺されに行く女性たちに服を仕立てるときでもありません」


と宣言したシャネル。まっとうである。

その前の大戦のときは違った。

むしろ、戦争で女たちが働かなくてはならなくなって、身動きがしやすい服が必要とされ、そこにシャネルの登場となったのだ。

物資が枯渇して服の制作は困難に見舞われたが、窮余の一策としてシャネルが考案したのは、男物の下着素材のジャージーを使った動きやすいドレスだった。

ジャージーは、彼女がエチエンヌ・バルサンやアーサー・カペルと交流していた頃、馬の世話をする厩務員《きゅうむいん》が着る服にも使われていた。動きやすく、使い勝手の良さに注目していた。

戦争はシャネルが頭角を現す引き金にもなった。

ところが、その次の大戦は違った。

先読みの天才、シャネルが香水やアクセサリーの部門を残して閉店したのも賢明だった。

戦争が終わったときに、パリを解放したアメリカの兵士たちは、名高いシャネルの香水を土産物として妻や恋人にこぞって買っていったという。

そして、シャネル自身はというとスイスに移住。15年近くファッション界から離れた。

しかし、彼女は引退したわけではなかった。

休んでいた頃にはアメリカに旅をするなどして大いに歓迎されたというが、仕事がないことの退屈さにも限度があった。

彼女の背中を押したのは、休んでいる間にすっかり変わってしまった女たちの装いだった。

シャネルが世に広めた、機能性が高く活動的なスタイルは衰退しており、着飾るためだけに必要とするようなデザインの服が再び大流行していたのだ。

シャネルがスイスに移り、そのすぐ後にデビューして注目されたのがクリスチャン・ディオールだった。彼が世に打ち出した「ニュールック」と呼ばれるファッションは、まさしくシャネルとは真逆の「女らしさ」を標榜していた。

20世紀の新しい革新的なモードを、シャネルのリーダーシップによって実践していた女たちはどこへ行ってしまったのか？

女が皆ウエストを極端に絞り込み、女の肉体を強調するような、そう、男が女に着て欲しいと願うような、「媚びた」ドレスを身に着けていると、シャネルには思えてならなかった。それを着るためにコルセットを着ける女さえいるという。シャネルは眼も耳も疑った。

それは、自分に対しての女たちの裏切り行為にも思えた。

怒りとともに、彼女はファッション界に戻ることを決意する。シャネルは71歳になっていた。

「わたしがこの歳で仕事ができるとは、誰も思わないでしょう」

そう言いながらも、元のスタッフたちに声をかける。

残り時間は10年しかないんだと。

それから彼女は、亡くなる87歳まで生涯現役を通した。10年を優に超えて16年間働いたのだ。

再び女たちが本当に必要とする服で、世界を変えるために。

「メゾン・シャネルを再開したとたんに健康が戻ってきた」

シャネル自身も、現役を取り戻すことで、若さと元気を取り戻せたと言う。

「わたしは新しい社会に向けて働いているの」

こういうスタンスを保つからこそ、彼女の健康も保てるのだろうし、仕事をしなくなった自分は、死んだも同然と語ってもいる。

誰かの役に立てることが、彼女の仕事でなくてはならない。そんな使命感のようなものにつき動かされてきたから続けてこられた。そのために自分は生まれたと信じていた。

そして、こうも言う。初めから服づくりをめざしたわけではなかったのだと。ことあるごとにそう何度も言い続けているシャネル。服をつくることになったのは、偶然の成りゆきでしかないと。

違う職業を選ぶとしたら「外科医」だと言う。そう言われてみれば、彼女がアトリエで、立たせたモデルを布で覆い裁断して形づくること、布に生命を吹き込み、ドレスを生み出す仕事は、外科医と似ていなくもない。

役に立つ仕事をして、初めて自分の存在を自他ともに知ることができる。生きている意味を持つことができるということなのだ。

「わたしはこれから起こることの側にいる人間でいたい」

繰り返しこの言葉を反芻しながら、仕事をしている悦び、愉しさ、面白さを、そして苦しみや孤立する危うさも、どれも一緒に身体で感じていたいシャネル。

それでこそ、生きている気がするのだ。

もっといえば、職業以前に、彼女にとっては闘うことが仕事なのだ。

仕事をする場所が、闘う場所でもある。そのグラウンドがなくてはならない。

偶然にも、その場所がファッションの世界だったというわけである。

というわけで、長いブランクを経て、彼女の孤独な「働き方」は再スタートを切った。孤独の流儀の幕開けが、彼女自身の手によってなされたのだ。

ちなみに、全集中して攻撃した標的ディオールは、シャネルの復帰後数年で急逝した。

❖ 人生がわかるのは、逆境のときよ。

シャネル復帰後の最初のコレクションは、彼女の気炎には沿わない結果となった。それは一つの事件と言っていいほどの出来事で、例えるなら、映画の一場面のように悲劇的だった。映画に悲劇的場面はお約束だ。観る者はそれでヒロインの悲しみや孤独や絶望をひそかに楽しむことができる。そして、ヒロインがそれを乗り越えて最後には奇跡が起きて、その悲劇に打ち勝ってこそ、観る者を感動させるというのがドラマチックな展開の王道だ。

シャネルの場合はどうだったか。

復帰後初のコレクションが始まると重苦しい沈黙が漂い、終わるなりフランスの記者たちやファッション評論家たちは一斉に席を立ち、戸惑うばかりだったというのだ。

なんのためにシャネルは復帰などしたのか。店を閉めたときに残した香水部門のプロモーションなのか、スイスでの冬眠から目覚めたシャネルが、成功していた20年代や30年代の服を、もう一度思い起こさせたい回顧のためのショーだったのか。というような、要は、いま誰がシャネルを必要とするのかという、厳しい意見ばかりが列挙されたのだ。

記事の論調は、知るに耐えないような悪意に満ちた言いたい放題の、シャネルをこき下ろしたものばかりだった。好意的なもの、応援したいというような記事は見当たらなかった。

彼女の服を着ると、古臭くて年寄りになるとまで言われたのだ。

「流行遅れ」「古い」「むしかえし」「亡霊」という言葉が並べたてられた。

ファッションや映画、演劇の世界でのプレスの力は、絶対的である。恐ろしいほどの影響力を持っている。シニカルで意地悪な見方が得意で、標的にされたら命とりにもなりかねない。辛口、悪口ほど高く評価される。

プレスというプレスが、みんなわたしを目の敵にしている。とシャネルは嘆き怒った。

「感動的だった」と書いたある新聞の論調は、引きつるほどに残酷で皮肉なものだ。

なにに感動したのかと言えば、15年の沈黙の後に、沈黙する前のそのままをよみがえらせたいくつもの服を見せられる。そのために招かれたことに感動したと言うのだ。眠れる森の美女の宮殿の中にでも入っていくような感じがして、そこにも感動したと言っている。要はなんら新しいものが見当たらなかったということを、ゴシック調とも言えそうな表現を用い、褒め殺しどころではない嘲笑に近い書き方をして、シャネルを攻撃していたのだった。

シャネルが人気絶頂のクリスチャン・ディオールを敵に回すということでも反感は買う。

この服で彼に対抗しようというのか、というディオール支持の評論家からも叩かれるのは、承知のことだったかもしれない。

そこが大胆で、シャネルは凄い。

「ねえ、わたしは続けたいの、
続けて、勝ちたいの」

と、さすがに泣きも入ったから、彼女の勝負は惨敗に見えた。
しかも、復帰した頃、彼女の味方であった有力な友人たちはもうこの世にはいない。
これほどの孤独と孤立、崖っぷちに立たされることって人生にあるものだろうか。ところが
シャネルは負けていない。

「失敗しないと成功はしないわよ」

と言って、意気消沈しているスタッフたちの尻を叩いて檄を飛ばす。
失敗という経験をバネにしてこそ、次なるチャンスをつかむことができる。
失敗こそ、成功への道を示すものなのだと、自分にも言い聞かせながら。
来シーズンのコレクションの準備をしようと言うのだ。めげずに、もう次のコレクションに

賭ける度胸があった。その自信があったのだろうか。

客が現れることのない店のスペースは、アトリエにしましょう。広くなったから働きやすくなったじゃないの、とどこまでも前向きに明日を信じていく。

逆境に強い。逆境に遭遇してこそ、本物の人生が見えてくる。シャネルにとって逆境とは、人生そのものなのだ。

復帰したときに、シャネルはまた逆境を味わった。が、生まれたときからほかの子どもたちとは違う逆境で育った強さがよみがえる。この機にまた、人生を知るということができたことを喜んでいるのだ。人生の良いときは周囲の人々の真意も見えにくいし、自身のことも見誤っていたままで終わってしまうかもしれない。

貴重な体験だとシャネルはその敗北の苦い味を堪能した。

かつて、勝利しか知らなかった恋人のウエストミンスターに、なんでも思いどおりにはならないことを、嫌われることを覚悟の上で辛辣な言葉を投げかけて教えたシャネル。

男は結局、女に母親を求めるものだとも言うシャネルだが、ウエストミンスターという一人の男を、それまでより少しばかり大人へと導いたのだった。

そのシャネルが、この時、最大級の辛酸を舐めている。人生の奥深さを彼女は知った。幸も不幸も両方を味わってこそ、それが人生だということを知り得たシャネルだった。

シャネルもまた、それまでにない逆境の中で、大人になれたのかもしれない。

さあ、絶望しなかった前向きなシャネルだったが、この後はどうなるのか？

この映画のようなシャネルの人生は、前向きな勇気のご褒美に、その後、幸運を招くのだ。

やっぱり映画だ、シャネルの人生は。

孤独に耐え、めげずに仕事を続けていたシャネルに朗報がもたらされた。

第二次世界大戦の戦勝国のアメリカでは、戦後に女たちの社会進出が盛んになり、シャネルの活動的で動きやすい服が大評判となっていた。

『ライフ』が彼女の復帰をたたえた。かつてシャネルが発表する服に注目してきたアメリカ版『ヴォーグ』『ハーパース・バザー』も、彼女と彼女のコレクションを賛美した。

シャネルのスーツは、ステイタスを求めるアメリカの女たちの間で、「流行遅れ」どころか「身分証明」のように求められたのだ。シャネルが似合う女にならねばと。

ハリウッドの伝説的存在のマリリン・モンローが「No.5」の味方となった。

寝るときはなにを着ているのか、とたずねる記者に、モンローは「No.5」だけを身に着けている、というウイットに富んだ答えを返したのだ。誰に頼まれたわけでもなく。

アメリカ人にとってはフランス製ということに、すべからく価値があった。シャネルのビジネスチャンスは、意図したり画策したわけではなく自然に海外にあったことを知る。

かつてのハリウッド映画の衣装制作の依頼に対して、凛として誇り高く「メイド・イン・パリ」のステイタスを掲げた声が再び聞こえてくるようだ。

「ミス」ではない「マドモアゼル」は売り物になったのだ。

結果的にはカムバックで勝利したココ・シャネル。「逆転」の運の強さは彼女の真骨頂。そして彼女が言うところの、たゆまぬ働き方の勝利なのだ。

アメリカが成功の入り口になったということも宿命だったかもしれない。

シャネルが常に抱き続けた父への思慕。スイスで休息をとっていた頃の渡米や、復帰後のアメリカとのビジネスの拡大にせよ、「アメリカで成功したら迎えに来る」と言ったきり、会えることのないままの父親の姿を自分に重ね、アメリカへの特別な想いがあったのではないか。

父親に代わってアメリカで成功したいという意識がなかったとは言えなくもない。

フランス国内でも追従するかのように、復帰後のシャネルのつくる服を認めるようになっていった。

1957年、シャネル74歳のときには「20世紀のもっとも影響力のある女性デザイナー」として、アメリカ・ファッション業界のオスカー賞を受賞した。

誰よりも父に褒めてもらいたかったのではないか。あるいは父への復讐！　成功もしないし、迎えにも来ない父に見せつけるアメリカでの成功と栄誉なのか。

いや、そんなことはないはずだ。

逆境に育ったからこそ成功した自分があると思う。少女の頃のことを恨んだりしていないと公言しているのだから。

まるで映画そのもののシャネルの人生。どこを切っても伝説的でドラマチックだ。

❖ わたしが歳を取りすぎたというのね。あのバカタレどもが。

バカタレと言われようとも、復帰後のココ・シャネルの支援に手を差しのべた男がいた。しかもその男、シャネルと長きにわたってのパートナーであり、宿敵でもあった男なのだから見上げた紳士ではないか。気のおけない間柄だからこそ、ケンカも「バカタレ」発言も許されるのだろうが。

現代に至るまで多くの人を魅了する斬新な香水、シャネル「No.5」を世に発表したのは1921年、シャネルが38歳のとき。香水は大口の顧客のために提供していたが、ビジネスとして広げる意欲を持って3年後に、コスメティック企業「ブルジョワ」の経営者ヴェルテメール兄弟と香水の会社を設立した。

ポールとピエールという兄弟は辣腕の実業家。フランスのみならず、アメリカ市場での実績や資本を持つヴェルテメール兄弟との提携は、シャネルにとっての好機だった。

期待どおり、香水によってシャネルはアメリカでも有名になり、かのマリリン・モンローの伝説的名言も生まれるほどの成果を生んだ。

また、第二次世界大戦が勃発し、香水とアクセサリーの部門を残して、いったんファッションから手を引いたシャネルにとって、香水は彼女に利益をもたらし続けたものだった。

シャネルと兄弟との出会いは、ロンシャンの競馬場だったという。セレブたちの社交場は遊興の場であるだけではなく、ビジネス・スポットとしても注目すべき場だった。ヴェルテメール兄弟は競馬産業の名高い担い手でもあり、またまたシャネルは、ビッグチャンスを競馬場でつかまえたのだ。

しかし、多大な利益は争いも生み出すものである。

シャネルにとっての収益の取り分の不当性や、ヴェルテメール兄弟がつくるシャネルの香水が、本来の成分とは違うというような疑惑や違和感でシャネルの怒りが膨らんでいく。双方は20年近い闘争を続けていくことになったと言われる。

仲良く話しあいをすべきだという周囲の忠告も空しく、シャネルは強硬な攻撃を係争問題にまでして兄弟に向けた。

シャネルは一度は敗訴するものの、「復讐心」を絶やすことなく、再び訴えを起こす。

ヴェルテメール兄弟側は、シャネルの香水を有名にするために多大な資金を費やしていること、約束どおりの収益配分をしていること、いまさらシャネルの貢献は無用で、香水をつくり出した頃の才能、若さ、知名度のない存在。60代半ばのシャネルのことを「歳を取りすぎている」と主張して強気だったという。

復帰後も10歳は若く見えたというシャネルを年寄り呼ばわりしたこと。これがシャネルを奮起させたのかもしれない。その怒りが得策を生み出した。「火事場のバカ力」は、いつだって女が最後に見せる「蜂の一刺し」。

「マドモアゼル・シャネル」名義で「No.1」「No.3」「No.31」の香水をスイスで発表したのだ。いつでも新しい香水をつくれるんですよ、わたしはやる気ですよ、というスローガンを込めて。

これには、ヴェルテメール兄弟も休戦を宣言。和解をする運びになったという。

売ることなんてできても、つくることは誰もができるわけではない、ということをシャネル自身がアピールした。これに勝てる理屈は見当たらない。

これで、莫大な賠償金と新たな収益配分を得たシャネルは、「億万長者」になった。

これぞ、アメリカン・ドリームだ。シャネルのやり方は、アメリカでは大うけするビジネス流儀。姉妹も有力な友も亡くなり続け、ひとりぼっちになったシャネルを支えたのは、彼女が生み出した特別なファッション・アイテムによる莫大な「金」だった。彼女の香水は、いまも彼女の「武勇」を秘めて人気が衰えることはない。

ヴェルテメール兄弟の、特にピエールは「闘う女」ココ・シャネルを、どんなときにも「憎めない」相手として見ていたという。

エネルギーがいっぱいで、人として魅力に溢れていたと語る。恋愛相手ではなかったものの、シャネルが歳を重ねた女になろうが、稀有な存在として、どこか女としても好意を持っていたのかもしれない。

だからこそ、シャネル復帰の際には、彼女が仕事をすることに賛同して、支援を惜しまなかったくらいだった。嫌われることを恐れない彼女の信念は、まさに嫌われない特別の能力のなせる業。

彼女に関わる男たちは皆、シャネルの男顔負けの勇気、戦意に屈服させられていく。

2022年、日本でも公開された、シャネルのドキュメンタリー映画『ココ・シャネル 時代と闘った女』(2019)の監督ジャン・ロリターノも、シャネルには屈服せざるを得ないのだと発言。映画情報サイト「スクリーン・オンライン」で世界中の映画人をインタビューする私の連載でのことである。

好き嫌いの激しさや、仲の良かった作家のサガンとの決裂、スパイ容疑をかけられた恋人ディンクラーゲのことを証言映像で言及。特に、ビジネス・パートナーであるはずのヴェルテメール兄弟との闘争については時間をかけて、過去の映像を編集して見せている。

私は監督に、栄光に包まれた伝説的人物のネガティブな部分をむき出しにすることは、映画監督のすべき仕事ではあると思うが、シャネルが嫌いなのかと、聞いてみた。

ロリターノ監督は、こう答えた。

「彼女の87年間の人生を振り返ってみると、リスペクトする気持ちにもなっていたのです。これだけの時代を生き延びてきたのは凄い」と、映画完成後には、彼女への印象が変わっていたことを吐露する。

「特に、19世紀末から20世紀にかけて女性の地位が難しいものであった中で、彼女はたった一人で闘ってきたのだから。そして、数々の悪評にもかかわらず、闘い生き延びてきたことにも脱帽するしかない」

ロリターノ監督も、シャネルがもの凄い孤独力の持ち主で、それが彼女のパワーになっていたということに行きついたのだ。

「彼女は、常に自分。自分のことを中心に据えていた人なのだということ。その生き方にも感服するばかりですね」

自己肯定をして自己中心的な個人主義を貫き、孤高に進むこと、これができたら世の中は楽になるのだ。

繰り返すが、彼女の才能の一つは、服づくりの類稀なセンスに加え、「孤独」を友として「自己愛」でサバイバルできることなのだ。

そこまで徹底したら、そのわがままも可愛い。「憎めない女」の勝利だ。

憎めない女となる匙加減はどのようなものか。これを体得したら恋も仕事も楽になりそうだ。いまからでも手に入れたい。

そして、「バカタレ」はヴェルテメール兄弟だけに向けられた罵詈雑言ではなく、きっとその都度敵になる相手に発せられたことだろう。

「創造できなくなったとき、それはわたしが終わるときね」

生きている限り仕事をするのだと、自他に宣言していたシャネル。

闘わなくなったとき、それはわたしが終わるときね。そう置き換えてもハマる！

結局、闘う相手がいることが彼女には必要であり、それは退屈しない人生なのだ。

退屈が彼女の「天敵」だとすると、仕事、恋愛、闘いが必要な人生なのである。

✤ わたしにはかなりのシワがあるけれど、そのシワを消してもらうよりは、つけ足してもらったほうがましだわね。

皮肉を込めて、美容整形の誘いを断ったというシャネル。

20歳若返るからロンドンで整形をしないか、と誘われたときに、すでに顔を知られている自分が20歳も若返ったら、どこかに整形の傷あとがあるかどうかを探されるだけだと言って、整形に関心を寄せなかったという。

そもそも、こういうことを誰かと一緒に出かけてするものなのか？ 群れることが嫌いなシャネルにとって、一緒に美容整形に出かけるなんてナンセンスなことだろう。

ただし、美容への探求が大いにあることは認めていたようだ。1キロ減っただけで首のあたりがゲッソリすることを気にかけていたようで、老いることはそういうことだと認めていた。しかし、外見で勝負する必要もないほど、彼女の地位は確かなものになっていたのだから、シワもキャリアの一つと言える自信がうかがえる。

だからこそ整形することには賛同できないのも当然だ。自分らしく生きるとしたら、自分らしく年老いていくのが当たり前で、若いときの顔に戻るということは、それまでの人生を否定することにもならないか。

ありきたりの表現ではあるが、シワは年輪であり勲章であり、その人の生きてきた証し。本来は忌み嫌うものではないはずなのだが。いくつになっても男たちの眼は気になるし、第一、嘘をつかない鏡を見るたび、自分をなだめるのもしんどいことではある。

フランスの名女優の多くが、シミやシワを気にして整形をするかといえば、むしろ、勲章のようにして堂々と「自分は自分」を主張している。

ジャンヌ・モローは、大画面に映し出される自分の顔のシワやそばかすには無頓着であるかのように、クローズ・アップもいとわなかった。

モローが晩年に主演した『クロワッサンで朝食を』（2012）は、まさに老女の役であったから若く見せる必要もなかっただろうが、日本でもミニシアターでの公開で大ヒットを記録した。70代の女性たちがこぞって映画館に押し寄せたことが報じられた。80代を過ぎた彼女の演技と存在は「神々しいまでの美しさ」と評された。

80代にしてスクリーンに姿を見せた女優といえば、アヌーク・エーメも負けてはいない。『男と女』（1966）で、世界中の男たちを魅了したアヌーク・エーメが、『男と女』の第三弾となった『男と女　人生最良の日々』（2019）で、監督のクロード・ルルーシュ、主演男優のジャン＝ルイ・トランティニャンとともに奇跡とも言われた映画づくりを果たした。人生に悔いのない歳の重ね方を感じさせ、「お婆さん」という印象などみじんもない。美しく若々しく生きるというエネルギーから発せられる色気さえ感じさせ、圧倒的だった。

2021年にトランティニャンは惜しくもこの世を去ったが、この作品で、車椅子に乗る男の役を全うした。エーメと同様、「もう、歳だから」という姿勢を感じさせない男の生きざまは、私の知る限りのフランス人の多くが持つ人生そのものの表れだ。私の連載でもこの作品を取り上げ、ルルーシュ監督にインタビューをして、80代になっての映画づくりのご苦労をうかがうと、映画に関わってきて苦労というものは一度もない、映画はバカンスと同じようなものだから、と語ってくださった。

ココ・シャネルの言う、「若さと年齢は関係がない」という言葉にも象徴されている。フランスで活動が長いジェーン・バーキンもノーメイクでその年輪を自慢するかのように、歳を重ねることを恐れていないようである。

シワが様になるような女をめざしたいものだ。

70代の復帰後のシャネルは相変わらずスリムで、いつも駆け出すことができなくてはいけないと活動的だった。

復帰後の彼女を撮影するために会いに来た写真家は、シャネルは少年のようだったと語っている。

モデルたちに指導するだけあって、彼女は自分への健康や美容についての気遣いを怠らなかった。しばしの休息には、

「体重を減らし、脂肪と闘うことだけを考え、ぼうっと過ごすの」

しかし、ひとたび仕事となれば凛とした完全主義者。

コレクションのギリギリまで服をつくり直す。完璧をめざしてエネルギーが満ち溢れていた。気に入らないと音を立てながら布を裂き、せっかく形になったものを壊していくという。最後まで現場主義を通した。

回顧録のためにインタビューをしていたマルセル・ヘードリッヒは、その様子を目の当たりにし、彼女の服づくりに感嘆し、そのことを回顧録に細かに記している。

「休日は大嫌い。早く仕事をしたいわ」

と、いつも周囲に言っていたシャネル。

「わたしは服が好きだったのではなく、仕事が好きだったのだ」

生涯現役で、本当に働くことが大好きだったのだ。

❖ わたしは世界に服を着せたのに、いまでは世界は丸裸。

シャネルが復活を果たした50年代後半を経て、時代と女たちはファッションに量産を望み、誰もがおしゃれを楽しめる民主化を求めていった。

高級注文服「オートクチュール」に対して、高級既製服は「プレタポルテ」と称され世に登場する。世界中が夢中になったものだ。

「プレタポルテ」の旗手のフランスのファッション・デザイナーたちは、時代の先端として名を馳せ、スター・デザイナーとしてもてはやされる。

ピエール・カルダンやクレージュのロゴ入りの生活アイテムが、日本のデパートにまで並び、スリッパやタオルまでも高級感を漂わせていた。

イギリスのマリー・クワントが火をつけたミニスカートは60年代の象徴で、慎ましい女は時代遅れ。若い女たちはもちろん、年配の婦人にも飛び火してまっとうに売られたし、臆することなく買われた。

日本人の足は畳の生活の名残を留め、O脚を顕わにしていても、そんなことはお構いなしに誰もが穿いていたのだから、いまにして思うと不思議でならない。

女たちの解放運動だったのかもしれない。

私も美大に通っていた頃は当然、なんら抵抗も疑問もなく、思想も持たないままに穿きこなしていたつもりであった。

近年のようには、レギンスなど穿かないから生足である。

気前よく男たちを挑発して、しかし、いまとは違いストーカーなども少なく、おおらかな男と女の恋愛に貢献したスタイルではなかったか。

セクハラという言葉もその頃は生まれていなくて、女を魅せつける武器にもなっていたといって過言ではない。

「イエイエ・ルック」と呼ばれて、流行を牽引していったミニスカート。

80年代を前にして突如センセーショナルな存在となったミニスカートは、シャネルには目障りで、「敵」だった。

イエイエという言葉はフランスが生んだ言葉だったが、シャネルは面白がって連発していたようだ。

時の大統領が「イエイエ」だとか、誰それは「イエイエ」ではないとか、好き嫌いの基準にしていたシャネル。イエイエ度合いで世間を批評するのだ。痛快である。

そこでミニスカートは最大の批判の標的にした。


「いまに女たちは裸で外に出るようになるわ」


マリー・クワントのミニスカートが良く似合うイギリスのモデル、ツイッギーは、まさにその名のとおり、「小枝」のような痩せぎすの、長くて細い足をむきだしていた。少年のようでユニセックスの象徴でもあった。

シャネルは、そこに美意識のかけらもないと嘲笑する。

そのわけにも、ちゃんと理屈が通っている。


「膝は見せるものではない。関節だから」

醜い部分を見せる必要はないと。

さらに、深い理屈もある。

「彼女たちは、
男性の最大の楽しみは
女性を脱がすことだということを
知らないのかしら？」

男が知りたい女の身体を最初からむき出しにしていたら、男の楽しみを減らすようなもの。愚かなことだと言う。

ここで、想い起こしてみよう。

そう言うシャネルが、1910年代の女たちの引きずるような長いドレスの丈を、くるぶしまで見えるスタイルに変革したことを。

当時は、その程度でも短くなったドレスは衝撃的だったではないか。

くるぶしを見せるなんて、はしたないとさえ言われた。

だが、シャネルは、いつも自分の理屈に沿って、自分の独自の主張が正しいことを続けて述べてきた。

歩きやすい服を着ないでどうする、これからは女も社会に貢献する時代なのだからと。そうして第一次世界大戦も起き、その理屈は世の中に役立った。彼女が30代の頃である。

しかし、それから半世紀後に、スカートが短くなることには理屈がなく、ただ突飛《とっぴ》な発想だけで、それが世に蔓延するから許せないのだろう。

そんなものをつくり、喜んで買う女たち。かつて彼女が、利口な女は100万人に5人だと言っていた言葉は真理としていまに響く。

その上で、

「プロのクチュリエは奇抜なモードを考えたりしない。

むしろ行きすぎをどれだけ抑えるかを考えるものなのだ」


高級注文服のデザイナーは、奇抜なものとは無縁でいいのだ。自分がこの時流に追従してシャネルのミニスカートなど発表するつもりも必要もない、というプライドを掲げる。

周囲と同じであることが大嫌いなシャネルの忍耐強さは「孤独力」の賜物だ。絶対に迎合を許さない孤高の姿勢であった。

「わたしは保守的すぎるくらいが好き。

　中くらいのものを良くしていくことが大切なのよ」


　1920年代にもいくつか世に出したツイード素材のスーツは、シャネル復帰後に「シャネル・スタイル」を決定づけるアイテムとして打ち出されていく。

　ツイードを使った、カーディガンのように軽くて着やすいジャケットとスカート。スカート丈は、あくまで「関節」の一部の膝を隠したラインまでがお約束なのだ。

　これが、大人の女の品格を表し、快適で仕事もできる他の追従を許さない普遍のデザインとセンスなのだ。アーサー・カペルやウエストミンスターのような「英国紳士」のスーツのように、女にも変わらないスタイルのスーツがあって当然だとばかりに。

　普遍的なスタイルが、流行を追うばかりの時代に屈服しないことを、それまで出演などしなかったTVに出て、宣言のように大いに語ったという。

　その内容が正しかったかどうかを、ベストセラー作家にもなった時代の寵児、フランソワーズ・サガンにたずねたりもしている。

　サガンは、オットー・プレミンジャー監督の映画『悲しみよこんにちは』（1958）の原作者で、小説はベストセラーになり、世界中で話題になった。この映画と小説が日本でも女たちを触発し、大反響を起こした。主演したジーン・セバーグの超ベリーショートのヘアスタイルが大流行となった。

恐るべきティーンエイジャーを描いた当時18歳のサガンもまた、大戦後の時代の寵児として知られていった。そんな彼女にシャネルはどこか自分と重なるものを感じていたことだろう。


「これに満足しないとしたら、いったいなにを望んでいるのかしら？」


と、若きサガンに相談。「いいと思うけど」と、サガンはシャネルを励ましたそうだ。

ちなみに、そのサガンも、のちにはシャネルをジャン・ロリターノ監督のドキュメンタリー作品『ココ・シャネル　時代と闘った女』の中で大批判しているのだ。自己肯定の強い「セレブ」同士の決裂は、部外者にとっては、どちらの肩を持っていいのか見当もつかない。

話は、シャネルのスーツに戻る。これで満足しないとしたら、いったい女はなにを望むのかと、生みの親が真剣に思ってやまない、唯一無二のシャネルのスーツのことだ。

時代を超えて、いまに繋がっている普遍のスーツは、まさに素材も形もコピーされて、「本物」にはほど遠くても、誰もが楽しんでいるではないか。

イタリアを代表する映画監督4人による、オムニバス形式の中の一作品。プレイボーイの夫に葛藤し、エレガントな復讐を企てる夫人をロミー・シュナイダーが演じる。ココ・シャネルのスーツをはじめ、香水やアクセサリーをヴィスコンティ監督の美意識で輝かせている。

『ボッカチオ'70／第3話「仕事中」』監督　ルキノ・ヴィスコンティ／出演　ロミー・シュナイダー、トーマス・ミリアン、パオロ・ストッパほか／1962年／イタリア・フランス合作／204分（全編）・46分／カラー

「この2着で、わたしはいつもちゃんとした格好をしていられる。
これがシャネルというものなのよ」

その本物の2着のスーツは、晩年のシャネルをかたどる「制服」のようでもあった。彼女の終の住処となったホテル・リッツのクローゼットに、その2着がかかっていた光景は、見る者になぜかシャネルの孤独を痛く感じさせたという。

ともあれ、シャネル・スーツが一番似合うのは、もちろんマドモワゼル・シャネル、その人だった。

かつて、自分で着たい服をつくり、新しい時代の女をめざした。その着こなしを見た上流階級の女たちが皆、新しい時代の女に憧れてシャネルを真似た。

歳を重ねたシャネルは、仕事を続ける大人の女として生きた。シャネルのスーツが誰より似合うはずだ。

常にファッション・リーダーを退くことのなかった女としても、ココ・シャネルは生きた。

若い男を邸宅に招き情熱的な一夜を過ごし、夫からの自立をめざして、恋仲となった男と旅立つ主人公。作品は公開時、物議を醸した。ジャンヌ・モローのシャネルのスーツに、スカーフと帽子を組ませた着こなしが、ブルジョワ階級の垢ぬけた女性像を標榜してみごと。

『恋人たち』監督　ルイ・マル／出演　ジャンヌ・モロー、ジャン・マルク・ポリー、アラン・キュニーほか／1958年／フランス／87分／モノクロ

❖ わたしの後に、もうクチュール、オートクチュールは存在しないでしょう。

オートクチュールとプレタポルテが共存する時代に復活したココ・シャネル。彼女だけは、かたくなに注文服のつくり手であることを継続していった。

既製服が量産されればされるほど、高級注文服の価値は上がる。

「安物は高いものからしか出発できないし、
安いファッションが存在するためには、
まず、ハイファッションが存在しなければならない。
量は質を増大させたものではありません」

ほかのデザイナーが時代に迎合してプレタポルテ部門をつくっていても、その他大勢の仲間入りをしないプライドを見せつけた。

彼らとの差別化を図ることが得策であるとの判断もあっただろう。

利益至上主義と真逆な働き方、服を完璧に自分らしくつくる「職人」としての生き方には、ブレがなかった。

自分のつくる服は、風景のようなものであり、一つの気分、わたしの魂の状態なのだと言っている。

「この服は売るわけにはいかない。わたしのものになりきっていないから」

彼女はシーズンごとに新しいアイデアを込めた服を考案して、一点一点つくっていく。一方「入魂」されていない服は決して売らなかったと言う。

では、

「たとえ醜いモードでも、モードにはついていったほうがいい。
モードから離れてしまうと、たちまち滑稽になってしまう。
これほどこわいことはない。
モードに強いような人はそうざらにはいないから」

とも言い、時代を汲み取った服に敏感であることも推奨する。
プロとしての服づくりが、スリリングな仕事であることを吐露する。

「モードは速度の勝負よ。
コレクションの初めにつくり始めた服など、
終わらないうちからもう古臭くなってしまう」

すさまじく鋭敏な魂だ。

「モードの仕事は芝居に似ている。
つくり手と観客の間で一つの意味が出来上がっていくからだ」

さながら、彼女は芝居の演出家でありプロデューサーであろう。
そんなシャネルは、同じ服でも注文主に合わせて、同じ服だとは見えない気遣いを持ってつくり上げてきたという。
5人が同じデザインを選んだとしたら、どれ一つ同じ服ではないように見える服づくりを自負。それこそが、オートクチュールの王道でなくてはならないことを語る。

近年、彼女の服づくりはル・コルビュジエのような建築家の仕事にも等しいという評価さえある。

そのシャネル、

「モードはパリでつくられる。

何世紀も前からすべての人がここで出会ってきたからだ」

と、オートクチュールにせよ、プレタポルテにせよ、モードはパリが本物だと宣言する。

復活を果たしたファッション界の大御所としての面目躍如たる大見得を切っているのである。

❖

わたしの一番美しい旅は、
この長椅子でする旅よ。

パリのカンボン通り31番地のココ・シャネルのメゾンは彼女の店であり、アトリエであり、サロンであり、そして「家」だった。

彼女はよく、そこを「ウチ」と呼んでいたそうだ。

けれども、仕事を終えて帰る場所は、通り一本隔てたところにあるホテル・リッツだ。

ホテルが彼女の終の住処であった。

フォーブル・サン=トノレの豪奢《ごうしゃ》な館を自宅にしていたシャネルだったが、1934年57歳のときに、ホテル・リッツに転居した。ヴァンドーム広場側のスイートルームを借り、お気に入りの空間にしていた。

お約束のコロマンデル屛風《びょうぶ》を工夫して、自分らしい空間づくりを楽しんでいたという。エキゾチックなその屛風は、その日の気分で位置を変え、いくとおりもの空間づくりに役立ったのだ。


「インテリアは心の表れよ」


と彼女が言うように、自分がいる場所を自分らしくすることは、生活の彩りであり、もっと言うなら生きている証しであろう。

しかし、その場所は第二次世界大戦が始まった後、ドイツ軍に押さえられ、シャネルもスイートルームを明け渡さねばならなくなる。

それでもシャネルを守ってくれたのがホテル・リッツであった。それまでの顧客であり、フランスを代表する人物へのリスペクトを忘れず、フランスの老舗ホテルとしてのプライドと意地を見せた。シャネルのために「屋根裏」の部屋を用意してくれる。

彼女もその厚意に応えて、女学生になった気分よと、質素な部屋でも十分だと住まいのあることの喜びを表現した。シンプルなことは悪くないという、彼女本来のポリシーにも合っていた。ぐっとやせ我慢をして。

そこから、シャネルの公私の「動線」は、メゾンとホテルを行き来するものになったのだ。仕事をしに店に生き、終わるとホテルへ帰る。

しかも、ホテルは大勢の人々のさんざめきが感じられるから、安心できると言うのだ。私も、その感覚は良くわかる。仕事を終え帰宅すると、そこは真っ暗で誰もいない。疲れもあって、もの凄く暗い気持ちになるのだ。家族が戻っていないときに、どうして自分が先に帰ってきてしまったのかと愚痴りたくなるほどで、一人暮らしなら、なおのこと。

シャネルにとってホテルは、見知らぬ人たちであっても、孤独感を感じないで済む住まいだったのだ。見知らぬ客たちにも「ただいま」という、声なき声をかけていたのかもしれない。

それでは、本当に彼女が一人でホッとできる場はあったのか、と言うと、それは仕事場でもある、カンボン通りのメゾンのサロンにある長椅子だった。

恋人にエスコートされて外国を旅して、異国情緒を楽しむだけではなく、仕事のヒントをたくさん収集したシャネルは、旅という非日常を人生の糧にもしてきた。

しかし、復帰後のシャネルの旅は、その長椅子で楽しんだのだと言う。

もっぱら書籍や写真集を見ながら、心をその場所に運ぶ。子どものときから読書が好きだった彼女だから、そのイマジネーションの旅は計り知れない壮大なものだったかもしれない。なにしろ小説で読んだ主人公のような人生を、自ら演じ切ってみせたではないか。自分は小説の主人公ではない、と言って詭弁《きべん》を弄することもある一方で、まさしくそうなりたいと縦横無尽、自由奔放に生き、偉業を成したではないか。

一緒に旅する恋人も、すでにいないなら、一人で自由に好きなときに旅ができる場、そこは彼女が孤独を愛せる場所だったのだ。

「ホテルにいると、
旅の真っ最中のような感覚になれるの」

と、仕事が終わっても休息の場所は「旅」の途中の場所として愛した、というようなことも言う。

確かに、ホテルがもたらす悦楽は、生活感のないところにある。生活感のあるキッチンもないし、片付けなくてはならない日用品もなく、解放された気分に満たされる。

私もパリやカンヌへの出張が大好きで、物でいっぱいの自宅やオフィスから解放され、電話一本で用事を聞いてくれるメイドさんが存在するなど、生まれ変わったような息吹がもらえる。ホテルはいつもプチホテルではあるが、心と身体のリセットのために、そこでの限られた空間と時間はかけがえのないものだ。

さて、ここからが重要だ。

常に旅気分、非日常を愛したシャネルは、家庭という場を忘れるためにこそ、そういうライフスタイルで仕事を拠り所にして生きていた。

回顧録を出したいという依頼をシャネルから受けたマルセル・ヘードリッヒは、しばしばサロンやアトリエに招かれてインタビューを続けた。その長椅子にシャネルは、モデルたちと一緒に幸せそうに座っていることもあり、その中にあってもシャネルは輝いて、特別なオーラを放っていたという。

しかし、コレクションが成功に終わったときに彼女が一人、その長椅子で寝入っている姿を見かけたときは、彼女の孤独の深さを感じたという。

結局、シャネルの最大の幸せは仕事にあったと言われるように、結婚や家庭というしがらみを避けて、彼女自身も語るように、なにかをすべきことのために自分は生まれて生き、そうであったからこそ、すべき仕事を続けることができたということが、サロンの長椅子で一人の時間を大切にしていたことからもひしひしと伝わってくる。

Chapter

6

孤独とは

孤独を愛して
味方につけて、
武器にもした

❖ 有名になったとたん、孤独になった。

ココ・シャネルほど、孤独を旧知の友のようにして人生を送った女もいないだろう。

孤独は誰もが感じる感情だが、感受性が強いほど深い孤独感に見舞われるものだ。

誰かと一緒にいれば、少しは逃れられるようにも感じるものの、恋人や家族でも癒やせるものではない孤独は、誰にもあるものだ。

両親との離別、愛した恋人の死、裏切り、仕事での挫折、友人との分断。幸せをつかんでもまた新たな不幸が見舞い、そのたびに孤独や孤立を感じて生きてきたココ・シャネル。

だが、だからこそ、彼女の「孤独力」は強靭だった。

「すべてを失くし、
ひとりぼっちになったとき、
いつでも相談できる友人を一人持つことね。
後は仕事よ」

と、現代の私たちにも救いをもたらすこの名言は、彼女でなかったら生まれなかっただろう。私もどのくらい助けられたことか。

アーサー・カペルが若くして自動車事故で亡くなり、糸の切れた凧《たこ》のように絶望した彼女を救ったのも仕事だった。

その仕事を確たるものにしてくれた強い味方がカペルであったのだが。

それを拠り所にして仕事に打ち込んだシャネル。そして、相談に乗ってくれる唯一の女友だちのミシア・セールという社交界の女王に助けられ、人脈も広げていった。

それからのシャネルは革新的な服を発表して、注目されるたびに評価を高め、多くの人たちの称賛を得て、いっときは、孤独の感情から解放されもしただろう。

しかし、遠慮のない自己主張をしたり、自分らしい仕事を推し進めたりすればまた反発も買い、友人も敵になったりするということを知る。それから逃れるためにも、また仕事に打ち込むというスパイラルは、彼女の「孤独力」そのものなのだ。またそれは、仕事で気を紛らわすこととは違い、仕事を通じて社会と繋がることで、ひとりぼっちではないことを実感できる力なのであろう。

自分がなにかを言えば、また人は離れていくのよね。と、自分を俯瞰《ふかん》して客観的に見ることができるシャネルだから、新しいものを生み出すためには、あえて自分を孤独に追い込むことの必要性を理解していたに違いない。

フランスの映画監督の巨匠、ジャック・オディアールにインタビューしたときに、映画づくりと「孤独」の関係について教わった。確かに、孤独であることが優れた作品を生み出していく、孤独はものづくりの原動力であると。

大勢でいれば孤独から逃れられるというのはあったとしても、自分らしくすることについては、周りと一緒になることではない。創造性を高めるとき、新しい作品を考えるときは「ひとりぼっち」になるしかないのだと。

シャネルは、10年近い恋愛関係の後も親交を持ち続けた一人の男の孤独を語る。

「ウエストミンスターは、その富の高みで、
頂点に座す人間の倦怠、大専制君主の孤独、
不可能のない者の孤独な境地を味わっていた」

彼女が復帰を果たした1954年の前年、ウエストミンスター公爵は亡くなった。

彼女がちょうどパリに戻った70歳になった年でもあった。

シャネルの寂しさは想像以上のものだっただろう。

だが、その惜別につきまとう孤独感を味方にして、また武器にして、仕事で闘う気力もことさら生まれたかもしれない。

富や財力や名声を手にして力を持てば持つほど、人はその存在を遠巻きにして距離をとるようになる。本当のことを言ってくれなくなる。

ウエストミンスター公爵と同じ孤独を味わうことになったシャネルには、彼の孤独や孤立が痛いほどわかるのだ。

「裸の王さま」になりかねない権力者、ウエストミンスター公爵にとって、フランクで歯に衣を着せない、大げんかもできるシャネルは、彼にとって離れがたい女だったことだろう。

「相手にうんざりさせられなければ、
ウエストミンスターはチャーミングな性格だった。
彼自身、すでに自分にうんざりしている様子だった。
外見だけ見ても、重くて頑丈な、大きな骸骨だった」

シャネル独特の愛を込めた公爵の男性像が興味深い。

ココ・シャネルもまた、ファッション界の女帝の座を得た後は、その孤独が一層深まっていくのは必然のこと。

「裸の王さま」にされることの孤独は猜疑心《さいぎしん》を増幅させる。

頂点まで上りつめ、その座を手に入れたとたん、さまざまな立場にある大勢の人々が、一気に自分に会いたがり擦り寄ってくる。

大勢に支持されて、著名な人物とも容易く会えるようになる。

世界が広がり、もうひとりぼっちではないという確信を持てて、幸せをつかんだように思える。

しかし、シャネルは繊細で聡明《そうめい》だ。

周囲の人々は、自分が有名だから自分を求めているのではないか？

自分を本当に大切に思って、本当のことを自分に助言してくれたりするのだろうか？　かつてのカペルやルヴェルディやイリブのように。

ウエストミンスターという「殿さま」と一緒に生きた時間は限られていたけれど、彼の側にいて彼の心境を覗くことができたシャネルだから、その想いが理解できるのだ。

ウエストミンスター公爵という「偉い人」を、重たい「骸骨」と言えるシャネルなのだから。

有名になって「裸の王さま」になればなるほど、孤独感は膨らんだことだろう。

✣ わたしは生涯、階段で過ごした。

パリのカンボン通りにあるシャネルのメゾンには、鏡が張り巡らされた螺旋《らせん》階段があり、コレクションのたび、そこはシャネルの生み出すドレスやスーツなどが披露されるファッション・ショーの「ランウェイ」となっていた。

2022年に日本でも開催されたシャネルの展覧会には、その鏡を模したスペースがあった。展覧会の回覧者が姿を映し記念撮影ができる場所だった。私も撮影を試みて、その鏡の効果を実体験することができた。

改めてシャネルのアイデアに感嘆するばかりだった。

少しずつ角度を変えた多角形の鏡に映し出される姿は、それまで自分自身でも知らなかった自分を輝かせて魅せてくれた。

そんな仕掛けを考えたシャネルの魔法の階段は、螺旋状になっていることでさらに華やかに盛り上げる。美しいモデルが身に着けた「シャネル」を、競うようにして次々と登場させ、観る者を魅了していく。それはもう、一つの舞台のような演出で、その効果の素晴らしさはただ事ではなかったに違いない。

その一番上の段に座り、ショーの動きを見張るように見守るのがお約束だったシャネル。事あるごとに彼女はその場所から入り口を睥睨《へいげい》しては、店を訪れる人々の様子を探っていたという。

階段の上、そこも彼女の仕事場であったのだ。

1954年、彼女が復帰して最初のコレクションのお披露目も、この階段で展開した。栄光を生み出した彼女の階段は、「悲劇」を生む場所にもなった。

評判は惨憺たるもので、「時代遅れ」とフランスのマスコミはこぞって報道。それでも彼女はあきらめることもなく、次のコレクションの準備を始めた。

失敗しないと成功はしないわよ。と言い敗北を認め、気落ちしているスタッフたちを叱咤激《しったげき》励《れい》し、前向きに挑んでいく。そんな彼女の命運は尽きることがなく、第二次世界大戦の戦勝国となったアメリカのバイヤーたちの間で評判となり、71歳で復帰したシャネルの実力をたたえたのだ。特に彼女が打ち出した、ツイード地を女物に仕立てたスーツこそ、戦後の女性の社会進出の後押しをする、働く女のためのエレガントな「制服」だと推奨。シャネルの新しいステージは確立されていった。

ドラマを孕んだ、彼女の階段。そこは彼女が「ひとりぼっち」になれる場所、解放される場所だった。そこには孤独があったとしても、それだからこそ、そこが一番自由を味わえる場所だったのだ。

「わたしがドキドキするのは、もう、階段の上だけになってしまったわ」

復帰後の成功を得てから、地位も名誉も手にしたシャネルだったが、彼女は不満を言う。ドキドキするようなロマンスは、待っていても来なくなってしまった。

階段の上で飽くなき仕事に挑むことにしか、ドキドキしないと言うシャネル。

結局、彼女は仕事に恋して、仕事は彼女を生涯にわたり裏切らない伴侶だったと言えよう。

✣ メイクラブがしたいのよ。

経済的に恵まれていたら、恋や愛を買うことはできるのか。

年齢を重ねていくと募る想い。例えば子どもにも恵まれ、孫もいて、人もうらやむ人生を歩んでいる人でも感じる、なにかが足りないという心の寂しさ。

ロマンスが欲しい、メイクラブもしたい。

その感情は、年齢と関係があってはいけないのかもしれない。

歳を重ねると恋する欲望を制御し出す。男なら許されているようにも思える、その欲望。

そうでなくても、肉親とは縁が薄く、親しい友人も次第にこの世を去っていく。

お一人さま人生が心地よかったはずのココ・シャネルにも、寂しさが身に染みる時期がおとずれる。

こればっかりは相手が誰でもいいというわけにもいかず、悶々《もんもん》として仕事に拠り所を見つけてはいくのだが。

女にとって恋をすることは肉体的欲望が源というわけではなく、誰かが自分に女として焦がれてくれていることが人生に張りをもたらし、生きている証しの一つとして心に刻まれるのではないか。

また、相手がいつ心変わりするのかにハラハラ、ドキドキしながら、ときには嫉妬心で心がメラメラと燃え上がる、そんなスリリングな時間を余儀なくされる、その毒薬のような味わいも忘れられない。

幾度となく激しい恋愛感情に翻弄《ほんろう》されて疲れると、平穏な毎日を選んでしまうのだが、恋多き女だったシャネルは、70代になっても、80代になっても、恋のチャンスがあれば迷わず飛び込んだことだろう。

恋なんて悪魔のようなもの、その情熱をいまはドレスに込めていくのよと、復帰後の70代になったシャネルはうそぶく。

アラン・レネ監督作品『去年マリエンバードで』に主演したデルフィーヌ・セイリグに、まるでファッション・ショーのコレクションを披露するかのようにめくるめくような、ほかに類のないドレスをたくさんつくって着せた。その成果は大いに映画に力を与え、作品はベネチア国際映画祭で金獅子賞に輝いた。

若いときも、恋を追う女より、追われる女になるべきだという恋愛流儀を貫いてきたシャネルなのだから、70代からも、もっぱら待つことに徹していたのだろうか。

年齢的に高齢だから恋とは無縁であるという価値観など、フランスではありえない。それを文学や映画で主張した女性作家がいた。世界的に知られ、ベストセラーとなった小説が、ジャンジャック・アノー監督によって『ラマン／愛人』(1992)として映画化され、アラン・レネ監督『二十四時間の情事』(1959)、アンリ・コルピ監督『かくも長き不在』(1960)の脚本も手がけた、フランスの作家マルグリット・デュラスがその人だ。彼女の例をとってみても、70代を前にして40歳近く年下の若い男を恋人にして、なんの負い目もなかったではないか。

シャネルだって、第二次世界大戦の最中には、敵国ドイツの年若いディンクラーゲと恋仲に

ココ・シャネル渾身の数々の衣装をデルフィーヌ・セイリグが着こなし、観る者を幻惑し迷宮の世界へと誘う。豪奢な館に漂う孤独の影、男と女のすれ違う感情と所作がモノクロームの映像に映え渡る。シンプルな白のドレスのエレガントさや、黒に真珠のイヤリングの装いがシャネルならでは。ベネチア国際映画祭金獅子賞受賞作品。

『去年マリエンバードで』監督　アラン・レネ／出演　デルフィーヌ・セイリグ、ジョルジュ・アルベルタッツィ、サッシャ・ピトエフほか／1961年／フランス・イタリア合作／94分／モノクロなり、あげくの果てに彼女はスパイ容疑までかけられている。真相は現在に至るまで語り継がれているが、深い事情もあったようだ。

ともかく、その後戦争も終わり、スイスで彼と暮らす日々は、ファッション界からも離れて、平穏の中での「蜜月」を送っていたはずだ。仕事をしない退屈な日々が、ココ・シャネルのモチベーションを下げていったことも事実だったようではあるが。

そうであっても、仕事を再開してからのシャネルの恋のアジェンダは空白になる。

仕事と恋。フランス人たちにとってはこの二つのバランスがとれていてこそ、人生が愉しいものになる。この点においてはシャネルの晩年は恵まれていたとは言えなかったようだ。

かつての結婚を意識したカペルやイリブは、不幸な死に方で自分を置き去りにした。

さらに、自分に恋をしてくれたディミトリー大公、ストラヴィンスキー、ルヴェルディ、ウエストミンスター公爵も皆、自分より先にあの世に逝ってしまう。

ディアギレフや、コクトーの恋人レイモン・ラディゲの葬儀まで出して見送った彼女は、いつも取り残される運命、そういう一生なのか。

獅子座生まれのココ・シャネルは「墓守り」の星だと、現世での自らの役割を認識していたようだが、孤独感を人の何倍も受け止めて、晩年のシャネルはひたすら、恋する人がいないまま、ひとりぼっちで、つくりたい服をつくり続けていくことになった。

だが、彼女が話してもいるように、この「孤独」あってこそ、亡くなるまで、いや、亡くなってもなお、ニューシーズンのコレクションの発表をやり遂げることができたのではないか。

恋に枯渇するエネルギーを、生涯服づくりに傾けたのだ。

✣ 結婚してくれる?

恋に溺れては仕事ができなくなる。追いかけるより、追いかけられる恋をするべきだという信条のシャネルだったから、愛の告白や求婚を幾度されても、自分からすることはなかった。

しかし、70代になったシャネルが、ついに自ら求婚した!

いったい誰に?

まず、遡って述べてみたい。

シャネルは人になんでも教えることが好きだった。ファッション・デザイナーであると同時に「先生」のようだったと、晩年のアシスタントのリルー・マルカンは、自ら著したシャネルの回顧録に記している。

それはシャネル自身が、学校の机で学ぶことではなく人から教わることの大切さを、身をもって体験してきたからだ。

なにごとも知りすぎるといいものはできない、という言い方をするシャネル。「机上の学問」より、自分の眼で確かめ、経験して覚えることの素晴らしさを知り得てきた。

精神的なおしゃれ、魅力的なあり方、直感力、人間の内面的なセンス、趣味や嗜好《しこう》、こういったものはどれ一つとっても、習って覚えるものではないと言う。

帽子デザイナーとしての出発の際も、帽子職人を紹介してもらい、帽子づくりを覚えたものだ。それ以前に、ノートルダムの寄宿学校時代に通った叔母の家で、叔母の帽子づくりに興味を持って、無意識のうちにセンスを養っていたという。

学ぶということは、人から言われてすることではなく、覚えようとすることで、自然に覚えられるものだ、という彼女の学習能力は極めて高い。

恋愛関係にあった男たち、エチエンヌ・バルサンからは馬のこと、アーサー・カペルからは教養を、ピエール・ルヴェルディからは「箴言」を、ウエストミンスターからは本物の贅沢を、と、枚挙に暇がないほど「先生」たちに恵まれた。

それにしても、彼女が先生として学んだ男たちの幅の広さには、いまさらながら脱帽だ。知られざる印象派の画家、ジャン=ルイ・フォランからは人生を学んだと、ポール・モランが著したシャネルの回顧録に1章分も割いて特筆されている。

20歳以上も年上の画家からは絵を学んだのではなく、人としての生き方やパリの手引きも教わったという。若すぎて危なっかしいシャネルに、生きた社会教育を買って出たフォランだった。キャバレーに連れて行き、画家や文学者にも会わせてくれた。

「バカな人間を絶対に信用しちゃダメだよ。むしろ悪い人間を選んだほうがいい」という訓辞をフォランは垂れる。「バカよりはワル」がいいとも言う。社会や男たちと繋がるための「免疫」を教示したのだろう。

そんな風にして、短くも長くも、ともに人生を歩んだ相手から学べることを余すところなく吸収する。シャネルは時間を無駄にしなかった。

しかも、覚えると人に教えたくなるというたちでもあった。教える相手がいることも喜びだったのだ。教えたいことがいっぱいあったことだろう。

「一生の間、そればっかりをやっていたものだ」

と言うシャネル。

まえおきが長くなったが、覚えようという意欲を持つ男が現れたのは、シャネル晩年の頃。フランソワ・ミロネという農家出身の青年は、教えがいのある相手だと見抜き、目をかけずにはいられなかったようだ。
彼はもともと給仕長だったのだが、シャネルのビジューを丹念に磨いていたことから、彼女のお眼鏡に適いビジュー担当に抜擢された。

「わたしは、誰も話しかけてくれる人がいないところでは、
食事をとることができないの」

と言い、

「ひとりぼっちでなくなるためなら、
どんなにお金を出してもいいわ」

とも言うシャネルは、仕事をしないときには極めて繊細で、孤独感を募らせていた。
そんな彼女の話を聞いてくれて、ユーモアのセンスや気取りのない純粋さの持ち主のフランソワに、毎晩のように食事の相手もさせていた。
なんでも言うことを聞き忠実に従う彼には、アパートまで買い与え、スイスに保養に行かせ

るなど手厚く振る舞った。フランソワは、シャネルの若き執事という存在だった。

スイスのホテルにリルーとフランソワを伴い滞在していたときに、「事件」は起きた。

何度言ったらわかるの？　とシャネルがフランソワを叱責する。

わたしを誘惑してくれる？　って3回も言ったはずなのに。という、とんでもない要求を出したシャネルだった。役に立たない、人の言うことが聞こえないふりをしているなどと彼を責め立てる。

その上で、

「結婚してくれる？」


という爆弾発言にまで至ったという。

フランソワはその場から立ち去り、1週間ほど消息が途絶えてしまう。

年上の女に養われるジゴロにはなりたくないと激怒したそうだ。いまならば、まさにセクハラ。

しかし、シャネルの中にいまだ宿っている少女のようなセンチメンタルな想いからの発言なのだと、アシスタントのリルーに説得され、フランソワは結局シャネルの下に戻る。忠実な部下として。

その間のシャネルは、捨てられ、裏切られたという衝撃でいっぱいになり、睡眠薬を飲み続けたという。信頼していたフランソワからの拒絶が、孤独感を増幅させたのだ。誰かが自分を理解してくれることで孤独が遠のく。それを確認するためにも、言ってみたかった究極のキラーワードだったことだろう。

恋を求めるあまり、彼の反応を知りたい一心の挑発だったに違いない。

しかし、なんのリアクションももらえず、無視されたことにシャネルは衝撃を受けた。

それまでに多くの人が彼女から離れていき、そのたびに彼女は大きな孤独感に見舞われていった。

ハンサムで背が高く、強い男たちが、いつも必ず傍らにいたシャネル。そしていつもロマンスを愛する女であった。ロマンスが生まれることを待っていた女である。

しかし、待っていてもロマンスは来ないというなら、こちらから求めたっていい、とばかりに、初めてそのことをフランソワに向かって口に出して試してみたのかもしれない。

男と女が一緒に生きることが極めて自然なフランスの、カップル社会においての当たり前の渇望でもあろう。

「どうしても眠れない、怖すぎるの」

と、独り寝の孤独に耐えかねる日々を送っていたシャネル。

「時々男の肩に頭を持たせかけることが必要なの。
それができないのが残念だわ。
でも、もうどうでもいいわ」

そんな切ない想いは、結局、彼女を捨てた父親への見果てぬ夢が源であり、生涯彼女から離れない孤独感でもあっただろう。

「わたしは自分が愛する以上に愛されたかった。
わたしは父を愛していたけれど、
それは父が、わたしの姉よりも、
わたしのほうを可愛がってくれたから」

誰よりも強いファーザー・コンプレックスを抱いて、それが男たちに求める思慕に繋がり、恋多き女の魂は生涯にわたりさまよった。

✣ これは、マドモアゼル・シャネルです。彼女はもうろくしているんですよ。気にしないでください。

先々のことを早手回しに考えて、段取りをするシャネルならではの発言。

こんなセリフを自ら発して、スタッフに諭したという。

死んだ自分を車に乗せて、誰にも知られないようにして、スイスのローザンヌの墓に埋葬して欲しいというのだ。

自分を車の後部シートに座らせて、誰かになにか話しかけられたら、シャネルが応えられないのは歳のせいと言っておきなさいよ、と引導を渡す。

スタッフは、驚きと笑いを抑えられなかっただろう。

「孤独死」を避けるためになのか、生前からスタッフに真顔で言い渡していたという。

小説のような、あるいはフランス映画さながらのブラック・ユーモア漂うワンシーンが頭に浮かぶ。

スイスを終の住処にということで想い起こされる映画があった。

『すべてうまくいきますように』（2020）という2023年2月に日本でも公開された、フランソワ・オゾン監督の作品だ。シリアスな安楽死というテーマを扱って、ブラックなユーモアで演出、観る者をハラハラ、ドキドキさせて魅了するフランス映画だ。日本ではカトリーヌ・ドヌーブと並んで人気が高かったフランスのスター、ソフィー・マルソーが久々に登場して、安楽死を望む父親に振り回される娘を演じた。

巨匠ジャン=リュック・ゴダール監督が亡くなった2022年、スイスでは安楽死が合法であることが世界に広まり衝撃を与えた。自分の死は自分らしくという想いに応えるかのように、安楽死が現実的に選べる時代になっていることに心がざわつく。

もちろんシャネルは、そういう理由でスイスに連れて行って欲しいと願ったわけではない。自分が死んでも、世間には死んだ事実を知られずに、こっそりと墓で眠りたいと。自分らしく死を迎える永遠の眠り方について、残った者たちに懸命に諭したのである。

「わたしには安心していられるところが必要なの。

スイスにはそれがある」

移住したスイスに15年近く暮らしたのだから、その良さを知っていたのだろう。こんなシャネルの言動に、毎度スタッフたちは唖然《あぜん》とするほかなかったのだろうが……。

「わたしはそのうちに死ぬだろう。
だからちゃんと聞いておきなさい、
わたしがとても大事なことを教えているんだから。
そんなバカみたいな顔をしないこと！」

という檄が飛ぶ。

もちろん、そんな彼女が思っていたようなスイスの墓への埋葬はなされなかった。

彼女の墓は5つの獅子頭を飾りにしたシンプルなデザインで、これも生前に、彼女の甥の娘ガブリエル・パラスの夫がデザインしたそうである。

シャネルの墓を訪れる者は、白い花しか供えることは許されないということが、実際に行ってみるとわかった。

私の代わりに墓参りをしに出かけた女子スタッフは、墓守りからかなり若く見られたようで、無理に高い花を買って供えなくてもいいと親切にされ、持参した花を特別に手向けさせていただき、お参りをした。

1971年、87歳にしてシャネルが亡くなった後、ルキノ・ヴィスコンティ監督がつくった名作『ベニスに死す』(1971)の衣装には、シャネル・スタイルへのオマージュが感じられる。

かつて、シャネルは映画監督をめざしていた若きヴィスコンティを、ジャン・ルノワール監督に紹介。衣装担当からキャリアを積んだヴィスコンティだったが、映画界への足がかりをつくってくれたシャネルに、愛と感謝を込めた作品だと見ることができる。1972年のアカデミー賞・衣装デザイン賞にノミネートされた逸品だ。

パリ・マドレーヌ寺院で行われたシャネルの葬儀では、ヴィスコンティは深紅の椿と薔薇を供えたということだ。

かねてより語られていたシャネルへの賛辞、「いかにも女らしい美しさと、男のような知性と、驚くべきエネルギー」というメッセージが心に響く。

わたしは偶然にクチュールにたずさわった。
偶然に香水をつくった。
いまわたしは別のことをやりたい。
なにを？　わからない。
今度も偶然が決めてくれると思う。

❖

晩年にシャネルは、自分がファッション界でモードを超えたスタイルとしての多くの製品を残したことを、「偶然」の出来事であったと、自らの人生を想い起こしている。彼女のやり遂げたことは、すべて行きがかり上のことだったということなのだ。

自分で自分の人生を切り開くために運命を受け入れて、まるで自分に託された使命であるかのように服をつくり続けてきた。

15年近くのブランクを経ても、時代の運命に導かれるかのようにクチュールの仕事を自分の職業として全うしてきたとも言う。

そこに設計図とか、前もってのプランなどはなく、偶然が偶然を呼んで辿った道を、迷わず進んだ自分を、どのくらい愛おしく思ったことだろう。

では、本当にいまからでもやりたいことってあるのだろうかと、自問するシャネル。

「わたしが一人で生きてきたのは、きっと偶然ではない。
わたしは獅子座のもとに生まれてきたのだから」

と、そのことを答えにする。
獅子座の持つ強さで、幾多の困難を乗り越え孤独にも耐えて、自分のなすべき使命を果たすべく世に生まれたのだと。

「それこそがわたしが生まれてきた理由よ。
これこそがわたしが持ちこたえてきた理由よ」

自分の思う自分らしい生き方をするために、自分は生まれた。
それは20世紀に服を通じて、女たちに自分らしく生きる自由を与えるために。
まさに、時代が遣わしたモードの革命児。
「モードの殺し」の流儀を見せつけながら。

女たちを「服」で自由にし、才能がある多くの芸術家を応援したり、見届けたりと。結婚をしなかったのも、彼女は誰のものでもない、闘うために生まれて生かされた女なのだから。彼女の孤独の流儀は時代を超えて「シャネル化」され、服や香りでいまの時代にたたえられる。

✣ 死ぬなんてまっぴらよ！　生きなくちゃ！

晩年のココ・シャネルにとって、いまだ経験のない大きな好奇心の対象は、「死ぬということ」だった。

「わたしにはもう一つしか好奇心はないわ。
死ということだけ。
死んだら退屈でしょうね」

自分の人生を思いのままに、まるで服をつくるように、布を織るようにつくり上げていったシャネル。

自らの死については当然、予測が不可能であり、やっかいな代物だ。

それでも生前に、スイスのローザンヌに自分のセンスを活かした墓をつくっていたと言う。

どんな死に方をして天に召されるのか。誰にとっても人生最大のイベントが死というもの。

シャネルは不安を募らせるよりも、死というものにあれこれを巡らせては、たびたび言葉に出している。歳を重ねると人が真剣に考えるテーマなのだから当たり前のことと思いたいが、通常はそれを避けて生きている人々も少なくない。


「次の瞬間には死ぬって思いながら、暮らすべきなのよ」


年齢に関係なく、いつお迎えが来るのかは、神のみが知るところであるから、やり残したことがないよう後悔を残さないよう、そんな人生を送るべきだというポジティブな考えはシャネルの死生観そのもの。

シャネルが亡くなる約10年前の1960年に、詩人のピエール・ルヴェルディが逝った。遡れば、彼女が復帰して初のコレクションを発表した1954年にエチエンヌ・バルサンがこの世を去った。その前年のシャネルがパリに戻った1953年には、ウエストミンスター公爵も亡くなった。

　1950年には親友のミシア・セールが、1942年にディミトリー大公も。第二次世界大戦前の1935年のポール・イリブの突然の死。1929年には支援していたロシア・バレエのプロデューサー、ディアギレフの死に際し、ベニスまで出向いて葬儀を行って見送った。コクトーの恋人レイモン・ラディゲの葬儀も面倒を見た。


「みんなあちらに行ってしまった」


と想い起こす。

そして、最愛のアーサー・カペルは、1919年に自動車事故で急逝するという「不幸」にも見舞われた。

ここでもう一度、そのときの心境をつぶさに表した言葉を掲げたい。


「なに一つ死にはしない。

砂粒一つだって。

だから、なに一つ失われるわけではないの。

わたし、こういう考え方が大好き」

大事な人を失った「喪失感」というのはどれほどのものか。

そのたび「置き去り」にされる孤独感。姉妹も自殺し、シャネルを置いて天国に逝ってしまったのだから、彼女にとっての自分の死とは、「後回し」の人生最後のイベントといえよう。自分はどう死んでいくのかが、残された最大の好奇心、関心ごとであっても不思議はない。獅子座が、墓守りだとしても、終生にわたり人の最期を見送る宿命にあったといえるシャネル。

死生観が人並み外れたものであっても当然であろうし、並みの人間には想像もつかないものであろう。

死んでしまえば、とり残されたときに味わった「孤独」とも、さよならということになる。魂も自由になる。ところが「退屈」になることが、死ぬより怖いシャネルなのだ。

死んでからもやることはあるでしょう。現実のこの世が地獄なのだから、あちらで天使たちに服をつくってあげるとしましょうか。などと、乙女チックなことを言っては周囲を面白がらせている。なにより、退屈を恐れる自分を慰めているようでもある。

「死とはただ、違う場所で生きるということ」

皆、違う場所で生き続けているということを、自分にも言い聞かせていたのだろう。

「死んだ人を思ってあげれば、その人は、死人ではなくなる」

子どものときに一人遊びをしていたシャネルは、いつもお気に入りの墓に行っては「死人ではなくなった人たち」と会話をしたと言う。

「人が送る人生はわずかなもの、
夢に描く存在こそ大きな存在、
なぜなら人は死んだ後も生き続けるから」

亡くなっても誰も死んでなんかいない、生き続けていると言う。

現実にないものをわたしは信じる。謎に満ちたすべてのものを信じる。と言う彼女の考えは、アーサー・カペルと蜜月を過ごしていた時間の中で学んだ東洋思想の考え方が源で、彼から育んだ感性が彼女の死生観に大きく影響している。

そして、

「わたしはひどく往生際が悪い。
いちど葬られても、あがいて、
もういちど地上に戻り、
やり直すことしか考えていないわ」

と言うのだから、それでいい！　これぞ真実だ。

現にシャネルは、いまこうして持続可能で、私たちの心に伝説となって生き続けているではないか。

あれやこれやの死生観を並べた後、やおら現実に返ったかのように、死んでたまるものかと自分を鼓舞しながら生きること、すなわち服をつくらなくっちゃ！　と宣言するシャネル。

この魅力に男たちも女たちも揺さぶられていったのだ。

1971年が明けて1月10日に、コレクションの発表を前に亡くなったココ・シャネル。

日曜が大嫌いで、ランチをともにした友人のクロード・ドレイに早く明日にならないかと言い、その数時間後に住まいにしていたホテル・リッツで亡くなった。誰にも面倒をかけずに、一人でみごとな引き際を見せた。

87歳で天寿を全うしたが、それにしてもあまりに惜しい。

しかし、死ぬ直前まで元気で、明日への意欲を燃やした人生というのは、天晴と言うしかない。

これもシャネルらしい孤高の流儀の極みとなった。

彼女の言葉どおり、彼女が亡くなっても、準備していたコレクションの発表が行われた。生き続けるココ・シャネル。

たびたび地上に舞い戻り、いまをどのように眺めているのだろう。

❖

これがわたしよ。よくわかった?
それでもって、わたしはいま言ったこと全部の反対でもあるのよ。

天邪鬼《あまのじゃく》で、へそ曲がり、つむじ曲がりのマドモアゼルことココ・シャネル。

自分の生きざまを回顧録にしておこうと、複数の書き手に打診して試みた。

生い立ちから、仕事へと向かったいきさつ、それを支えてくれた男たち。モードとはなんなのか、自分の職業についての細かなこと、71歳にして奇跡の復帰を果たし世界的な成功を手にしたこと。これからどう生きるかまで。

そのサクセスストーリーを伝説として一冊にしたかったシャネル。

「伝説というものは、真実よりずっと凄い話でできている。
現実は貧しいから、空想というつくり話のほうが人は好きなのよ」

と言うからには、彼女が回顧録の書き手に語ったことは、真実でなくてもおかしくはない。不幸も悲劇も、喜びも成功も、「大盛り」で語るのがシャネル流なら、嘘か本当か疑うより愉しむしかないのだ。

「神父さまにさえ、
本当のことを言ったことのないこのわたしが」

とまで言っているのだから。

憎まれ口が達者なシャネルだが、捨てがたい言葉を数えきれないほど残した。自分の人生観を表現するためにも、その言葉は自由に彼女の口から流れ出る。運命のままに風のように、自由に生きた自分のことを吟遊詩人のように、たゆたう人生を語る。一方で自分らしさを求めて、時代と闘った言葉も彼女の人生の証しである。

偉業を成したシャネルだが、大げさな使命感などというものは、彼女には似合わない。そして、再びこの言葉、

「わたしは、これから起こることの側にいる人間でいたい」

変わりゆく時代の中で、注目すべき事柄や人物、そこから生まれる事件も芸術的なものも、大事も小事も、すべからく知っていたいし、それらと繋がっていたいという「野次馬」的好奇心と行動力こそが、死ぬまで現役を貫いた彼女の原動力にほかならないのだ。

そうでもないと退屈すぎて、寂しくて、ひとりぼっちになってしまうから。

そして、彼女の行動、発言がいまも私たちを、こうして挑発し続けている。

小悪魔のような、いたずら小僧のような言葉の洪水で。

彼女の話を聞き終わって、やれやれというところで、いま話したことは全部反対のことよ、

と言われたポール・モランは、果てしないシャネルの言葉に振り回されっぱなしだったことだろう。

そんな膨大なキラーワードに溺れ、身動きもとれないほどの道のりを辿る彼女の人生の追体験の旅も果てしないものだ。

そして、時を超えて、ますますいまの時代に光を当ててくれるココ・シャネルの言葉から知り得た、人生の相棒のような「孤独」。

シャネルでさえ恐れて、生涯にわたり怯えていた「孤独」という感情。

自分らしく生きるためのシンボルかもしれない。

彼女の孤高の生き方が、そう教える。

おわりに　ココ・シャネルから知る、孤独の流儀と美意識

本書の最後に掲げたココ・シャネルの言葉。

「これがわたしよ。よくわかった？　それでもって、わたしはいまいったこと全部の反対でもあるのよ」。

そう言われたら、彼女の生き方や仕事の流儀を探るための、彼女の言葉による追体験の旅は、ここが折り返し地点となってしまうではないか。

彼女の語ったことを遡って、話をすべて逆転していくと真実が見えてくるって……？

頃合いも良く、ここで一度筆を擱《お》くにはちょうど良いタイミングではあるのだが。

ともあれ、この一冊にセレクトしたシャネルの言葉はほんの氷山の一角。そして、どんな言葉だって彼女の体験が並みのものではないから、なんでも教訓になってしまう。成功も失敗も。悪口も減らず口でも。

「内気な人間というものは喋るのよ。喋っていないと耐えられないのね」。

自分を客観的に見ることが得意だったシャネルは吐露する。

「わたしの毒舌をゆるして欲しいわ。女を女神みたいにほめ讃えるのではなく、あるがままに見るには勇気がいる。まして、それを口にするには！」。

心の中では、自ら毒舌を発することへの自重もしてはいる。

「ココ・シャネルの言葉はきれいだったとは言えないが、誰も抗うことのできないものだった」と言うのは、彼女に回顧録を書くよう依頼された書き手の一人だったマルセル・ヘードリッヒ。数えきれないほどのインタビューを重ね、晩年のシャネルの実像に触れることを許された幸運なジャーナリストである。

ココ・シャネルは働いている間中、相手は構わずおしゃべりをしていたということだが、しゃべりながら頭脳を稼働させて、ものづくりをしていたと気づかされる。

モデルに布をまとわせ、彫刻家のように削いだり足したりしながら、新しい服を制作していく。その過程でもヘードリッヒを側に置いてしゃべり続けたという。彼のインタビューの問いに忠実に答えるということとは真逆ともいえるような、彼女のモノローグは永遠に止まらないと思えるほど続く。

別の一面としては、人に話すことによって孤独を感じることを忘れることができるのだから、シャネルの場合はそのためにもしゃべり続けることをやめなかったのかもしれない。好き嫌いが激しかったが、人恋しい寂しがり屋だったこともあるだろう。

だから、冒頭のような人を煙に巻く発言を平気でして相手を幻惑する。反応を愉しむために、気を引こうとしての発言とも受け取れる。

彼女のウイットが通じない相手の場合は、そこに対立や反発が生まれることも彼女は知っていた。

それでも彼女は、相手の心を揺さぶる言葉を吐き続ける。

相手が怒っても、自分を嫌ってもいい。無視されるより、よっぽどいい。彼女にとっては無視されたり、忘れられたりすることが一番恐れるべきことなのだ。

加えて、置いてきぼりにされることはプライドが許さない。

人を惹きつけるために、過激な言葉、キラーワードが必要にもなってくる。

自由闊達な彼女独特のレトリック。

これに誰も抗うことができないと言われるように、その言葉をかけられたら、もう彼女の虜になってしまう。

が、その言葉によってまた、新たな人との対立や反発が起き、孤立することが生まれる。

それがまた、彼女の次なる世界を開く原動力ともなる。この繰り返しが彼女の生き方だったと言っても過言ではないだろう。

それにしても彼女の孤独力は、彼女の少女時代の恵まれない環境から始まり、想像を絶するほどの、彼女を見舞った困難によって備わった力だと言えよう。

孤独を回避するだけでなく、受け入れて力にする忍耐力、いや、「感性」があったからとも、思えてならない。

「わたしは周囲の人たちを幸福にするすべはしっていたけれど、わたし自身は幸福のセンスを持っていない」。

この非凡な言葉を知ったら、惹かれない者はいないし、孤独とのつきあい方も人並み外れて強いことが想像できる。

父親に見捨てられた悲しさや寂しさからの孤独感は、彼女の人生につきまとった。だから、彼女はことさらいつも、恨みを言葉にはしない。

終生父親に夢を託し、夢を見続けた。

彼女が恋をして憧れたイギリスの若き実業家アーサー・カペルとの出会いと別れ。父親は彼女の宿命的な男であったが、カペルは運命の男だ。

自分には仕事がある。自分が何者として生きていくべきか、カペルの死によって見えてきて、彼との関係は彼女にとっての絶対的な愛という形に永久保存され、彼に別れを告げる。その時に残した言葉は、自分を鼓舞するだけではなく、自分の脅威となりそうな「孤独」への絶対的宣言となって彼女を勝利へと導いた。

ココ・シャネルのスタイルとしていまも廃れないシャネルのスーツの「発明」の源となったイギリスの富豪、ウエストミンスター公爵との長い蜜月の時間は、彼女の栄光を高めたものでもあった。それは公爵の未来の妻としてではなかった。

公爵から学んだ「本物」の贅沢さ。それは新たな彼女の創作に多大なヒントをもたらした。

そんな公爵との別れのとき、公爵に後ろ髪を引かれそうになる気持ちとの折り合いに苦悩する。「有名」になった人間同士が持つ「孤独」を互いに分け合いながらも、彼の孤独感をもっと増幅するようないい方で、自分の孤独感を払拭することを試みる。

「愛してないわ。あなたを愛していない女と寝るのって面白い?」。

別れることに納得しない男の将来を考えてこそ、また自らの孤独と闘うためにも口に出した過激な言葉であった。

「孤独」に打ちのめされている暇があったらやり直す、リセットするという再生能力を見せつける。

この思考と行動こそ、シャネルの孤独の流儀の真骨頂ではないか。

そもそも、世の中の女たちは、シャネルが提唱した動きやすくて活動的で男に媚びない新時代の服を着て闊歩していたはずだ。

しかし、自分が15年近く休んでいるうちに女たちはこぞって、先祖返りでもしたような、男が好む「女らしさ」を標榜する装いにうだつをあげている。

彼女がなにを一番恐れるかというと、自分の存在を無視されること、その孤独に耐えるのは彼女にとってなににもまさる屈辱なのである。

「古い」と叩かれようが、再び一線に躍り出る。不評だろうが、酷評であろうが構わない。叩かれてこそ、そこに自分は存在するという「生きている証し」を得ることで、孤独に打ち勝つのが、シャネルという女なのだ。

この特異な、まるでトリック・スターのような生き方こそがココ・シャネルの魅力そのものだろう。

いじめられ上手かと思えば、転じていじめ上手な二面性があり、最強だと思いきや強いだけの女ではないところが、他者が抗いがたい個性的な魅力なのだ。

「ほんとうの自分に返りたいと思う時は、あの傲慢さを思えばそれで充分。それこそわたしの悪徳でもあれば美徳でもある」。

悪徳があるからこそ、美徳も際立つ。

強さも凛とした魅力になって発揮される。

その二面性こそが、いま言ったことのすべて反対のことが、自分という人間なのだ。などという冒頭に掲げた物言いなのだ。

二面性ということについては、思うところがあり述べてみたい。自らの性格が両極にあると語るシャネルだが、フランス人特有の相反する二つの局面を持ち得た人物であることが、うなずける。

私ごとになるが、フランス映画の仕事で、いつも悩まされたのが、字幕をつける作業や邦題をつけるときだった。二つの意味に解釈できる言葉や言い回しが多く判断が容易でないのだ。もっとも、それこそがフランス人やココ・シャネルが醸し出す魅力でもあるのだが。

さて、話を戻すと、そのトリック・スターを歓迎する国がアメリカであり、復帰後未曽有の危機に見舞われたシャネルに手を差しのべた。第二次世界大戦の戦勝国アメリカでは、働く女たちのステイタスとなる装いをシャネルに求めた。

フランスの上流階級を顧客にしていたシャネルの戦後の信奉者たちは、アメリカのセレブ層にとって代わった。シャネルの仕事における幸運は尽きることはなかった。

しかし、彼女の栄光とは裏腹に、彼女の孤独との闘いは、彼女が生きている限りつきまとった。

そんな、彼女の美意識の中には、孤独に耐えること、孤高であることがなににも増して美しいこと。そんな心境を恐れながらも憧れていたと言えるのだから、興味深い。

孤独が美しい、ということを彼女は一つの映画に託した。

アラン・レネ監督作品『去年マリエンバードで』の白と黒の映像に映え渡る、芸術作品と見まごうシャネルのドレスの数々を、主演女優のデルフィーヌ・セイリグにまとわせ、観る者を迷宮の世界へと誘う。ベネチア国際映画祭で高く評価された作品として、いまも伝説的存在のフランス映画である。

孤独を埋められない男と女が求め合い、次元を超えた幻想的な時をさ迷う姿は、この世のものとは思えない美しさで、作品の解釈が難解とされることでも知られている。それは眼に見えない孤独の美しさを、シャネルの生み出したコスチュームが形になって幻惑すること一層だからなのだ。

晩年は、恋をしたたくさんの男たちも親友も、皆この世にはいない。新しい恋にも巡り合えない。本当に「ひとりぼっち」の寂しさを抱いていたシャネルは、甥の娘ガブリエル・パラスに、伴侶のいることを祝福したりもしている。

「実際、正しい人生を歩んでいるのはあなたよ。あなたは私より幸福よ。夫もいれば、子どももいる。わたしには何もない。財産はあるけれど、ひとりぼっち」。

ここで、彼女が言うところの、「幸福のセンス」という言葉が浮上する。

幸福は人と比べるものではないことを、誰よりも知っていたのはシャネル自身であろう。

そのセンスがないだけなのだと、ガブリエル・パラスに伝えたいのだと思えてならない。

孤高に生きることこそ、自由で自分らしさを極めた生き方だとし、それをめざしたシャネル。

それだからこそ、凛として誰もが抗うことのできない魅力を生んでいた、と言うしかないだろう。

その上でさらに、「孤独」をものにしたシャネルは、どこまでもしぶとい。

このような生き方が気に入らなくなったら、いつでもやり直すとも言っているのだから。

「いちど葬られても、あがいて、もういちど地上にもどり、やり直すことしか考えていないわ」。

シャネル、恐るべし。

彼女は誰をも励ます。やり直せばいいんだから、と。

考えてみればひとりぼっちになれること自体が難しいくらい繋がってしまうこの時代。

孤独を感じるひとりぼっちのときこそ、自分自身を見つめることができる。それは大切な時間なのである。

最後に、今回の新たなテーマを一冊にすることに背中を押してくださった加藤有香さんに感謝を捧げたい。

『仕事と人生がもっと輝く ココ・シャネルの言葉』（イースト・プレス）の編集者でもあった彼女は、ココ・シャネルの生き方に私同様、働く女の先駆者としてのリスペクトを持ち、新たな切り口で、いまの時代を読んでの刊行を狙った相棒である。

書き手というものは、最初の読者でもある担当編集者を面白がらせるために、書いていくという気持ちで完成をめざすことができるのだ。

もちろん完成した本書は、多くの読者となる皆様にこそご高覧いただき、さらにご賛同いただけたら感謝で一杯である。きっとココ・シャネルもほほえんでくれるのではと願う。

二〇二三年四月

高野　てるみ

©GRANGER / GRANGER/amanaimages

✣ ココ・シャネルの年譜 ✣

1883年	0歳	8月19日、フランス中西部・オーヴェルニュ地方ソーミュールで誕生。父は行商人のアルベール・シャネル、母はジャンヌ。兄弟は姉のジュリア、妹のアントワネット、そのほかに弟たちがいた。
1895年	12歳	母、死去。姉と妹と一緒にオーバージーヌの修道院に預けられる。
1901年	18歳	フランス中部の町ムーランのノートルダム寄宿学校へ送られる。カフェ・コンセール「ラ・ロトンド」で歌手となり、この頃から「ココ」の愛称で親しまれるようになる。
1903年	20歳	叔母アドリエンヌと一緒に、ムーランの洋裁店で、お針子として働き始める。この頃、エチエンヌ・バルサンと出会う。
1905年	22歳	カフェの歌手をめざしてヴィシーに行くが、挫折する。
1908年	25歳	コンピエーニュ近くにあるバルサンの館で暮らし始める。バルサンの支援でパリ・マルゼルブ通り160番地にあるバルサンのアパルトマンにて帽子のアトリエをオープンする。 イギリス人の青年実業家アーサー・カペルと出会う。
1910年	27歳	カペルの出資で、パリ・カンボン通り21番地に帽子店「シャネル・モード」をオープンする。
1912年	29歳	女優のガブリエル・ドルジアが主演した舞台『ベラミ』で、帽子のデザインを担当する。ちなみに、衣装担当はジャック・ドゥーセ。
1913年	30歳	フランス北西部のドーヴィルにモードのブティックをオープンする。

1914年	31歳	第一次世界大戦勃発（〜1918年）。
1915年	32歳	フランス南西部のビアリッツに初のメゾン（クチュール・ハウス）をオープンする。
1916年	33歳	第1回シャネル・オートクチュール・コレクションを発表。アメリカの『ハーパース・バザー』誌に、ジャージー素材のドレスが掲載され、話題となる。
1917年	34歳	ミシア・セールと出会う。長い髪をばっさり切り、ショートカットにする。
1918年	35歳	パリのカンボン通り31番地にメゾンをオープンする。
1919年	36歳	カペル、死去。
1920年	37歳	ミシア夫妻にイタリア旅行に誘われ、カペルの死の悲しみから立ち直る。亡命ロシア貴族ディミトリー大公との恋愛を通じ、ビジュー・ファンテジーのヒントを得る。ディアギレフ、ストラヴィンスキーらロシア出身の芸術家たちを支援する。詩人ピエール・ルヴェルディと出会う。
1921年	38歳	エルネスト・ボーの調香により、シャネルにとって初めての香水となる「シャネル No.5」を発売する。フォーブル・サントノレに大邸宅を構える。
1922年	39歳	パブロ・ピカソが美術を担当したジャン・コクトーの舞台『アンティゴーヌ』で、衣装を担当する。
1924年	41歳	共同出資者ヴェルテメールと香水と化粧品を扱う会社「パルファン・シャネル」を設立する。ディアギレフのバレエ・リュス（ロシア・バレエ）がシャンゼリゼ劇場で上演したコクトーの舞台『青い列車』で、衣装を担当する。
1925年	42歳	アール・デコ展（パリ万国博覧会）に出品する。ウエストミンスター公爵と恋愛。彼を通して、ツイード素材などイギリスエレガンスからアイデアを得る。ウインストン・チャーチルとも知り合いになる。
1926年	43歳	「リトル・ブラック・ドレス」を発表する。アメリカ版『ヴォーグ』誌が「リトル・ブラック・ドレス」を掲載する。ジャン・コクトーによる『オルフェ』の舞台衣装を担当する。

1931年	48歳	ハリウッドの大プロデューサー、サミュエル・ゴールドウィンと映画衣装契約を結ぶ。ハリウッドに渡り、マーヴィン・ルロイ監督の『今宵ひととき』で、グロリア・スワンソンの衣装をデザインする。装飾デザイナー兼イラストレーターのポール・イリブと親密になる。
1932年	49歳	イリブの勧めにより初のジュエリーコレクションである「Bijoux de Diamants」（ダイヤモンド・コレクション）を発表する。ローウェル・シャーマン監督の『仰言ひましたわネ』で、アイナ・レアーの衣装をデザインする。
1935年	52歳	事業は最盛期を迎え従業員が4000人に達する。イリブ、死去。フォブール・サン＝トノレの自宅からカンボン通りの店の側にあるホテル・リッツに移り、そこを住まいとする。
1936年	53歳	シャネルの店にてゼネラル・ストライキが起こる。
1937年	54歳	コクトーの舞台『オイディプス王』で、衣装を担当する。
1938年	55歳	ジャン・ルノワール監督の『ラ・マルセイエーズ』で、リーズ・ドラマールの衣装をデザインする。マルセル・カルネ監督の『霧の波止場』で、ミシェル・モルガンの衣装をデザインする。
1939年	56歳	再びジャン・ルノワール監督の『ゲームの規則』で、ミラ・パレリとノラ・グレゴールの衣装をデザインする。第二次世界大戦勃発とともに、香水とアクセサリーの部門を残し、カンボン通りの店を閉める。
1940年	57歳	ホテル・リッツのスイートルームから、小部屋に移る。ナチスドイツの将校ハンス・ギュンター・フォン・ディンクラーゲ男爵と出会う。
1942年	59歳	ディミトリー大公、死去。
1945年	62歳	戦後、スイスのジュネーブに移住する。ナチスドイツへの協力関係を疑われ、スイスのローザンヌへ移住。
1952年	69歳	マリリン・モンローが「夜寝るときはシャネルの№5」と発言する。ミシア、死去。
1953年	70歳	パリに戻る。ウエストミンスター公爵、死

		去。カンボン通りの店を再開。かつての従業員を呼び戻す。
1954年	71歳	2月5日にカムバック第1回コレクションを発表。フランスでは酷評されるが、のちにアメリカで好評を博す。
1955年	72歳	キルティングバッグ「2・55」を発売する。
1957年	74歳	「20世紀のもっとも影響力のある女性デザイナー」として、アメリカ・ファッション業界のオスカー賞を受賞する。バイカラーシューズを発表する。
1958年	75歳	ルイ・マル監督の『死刑台のエレベーター』『恋人たち』で、ジャンヌ・モローの衣装をデザインする。
1959年	76歳	アメリカのMoMA（ニューヨーク近代美術館）で、「シャネル No.5」の香水壜がパーマネントコレクションとなり、展示される。ロジェ・ヴァディム監督の『危険な関係』で、ジャンヌ・モローの衣装をデザインする。
1960年	77歳	ルヴェルディ、死去。
1961年	78歳	アラン・レネ監督の『去年マリエンバードで』で、デルフィーヌ・セイリグの衣装をデザインする。
1962年	79歳	ルキノ・ヴィスコンティ監督編の『ボッカチオ'70』の中の『仕事中』で、ロミー・シュナイダーの衣装をデザインする。
1963年	80歳	アメリカのケネディ大統領暗殺時、ジャクリーン夫人が着ていた1961年秋冬コレクションのピンクのシャネル・スーツが注目を浴びる。
1969年	86歳	キャサリン・ヘプバーンが主演し、マイケル・ベネットが振付をしたミュージカル『ココ』がニューヨークのブロードウェイで上演される。
1970年	87歳	香水「シャネル No.19」を発表する。
1971年		1月10日、住居にしていたホテル・リッツにて、死去。1月13日にマドレーヌ寺院で葬儀が行われ、スイスのローザンヌの墓地に埋葬される。亡くなる前日まで発表のために準備をしていたコレクションは、予定どおり1月26日に発表が行われ、追悼コレクションは大成功する。

参考資料一覧

〈書籍〉

『獅子座の女シャネル』ポール・モラン著　秦早穂子翻訳／文化出版局
『シャネル――人生を語る』ポール・モラン著　山田登世子翻訳／中公文庫
『ココ・シャネルの秘密』マルセル・ヘードリッヒ著　山中啓子翻訳／ハヤカワ文庫
『シャネル　最強ブランドの秘密』山田登世子著／朝日新書
『シャネル――その言葉と仕事の秘密』山田登世子著／ちくま文庫
『素顔のココ・シャネル』イザベル　フィメイエ著／河出書房新社
『ココ・アヴァン・シャネル――愛とファッションの革命児』（上）（下）
エドモンド・シャルル＝ルー著　加藤かおり、山田美明翻訳／ハヤカワ文庫
『シャネル、革命の秘密』リサ・チェイニー著　中野香織監訳／ディスカバー・トゥエンティワン
『ココ・シャネル』クロード・ドレ著　上田美樹翻訳／サンリオ
『カンボン通りのシャネル』リルー・マルカン著　村上香住子翻訳／マガジンハウス
『シャネルに恋して』マリア・ケント著　伊藤啓子翻訳／文化出版局

『CHANEL』ジャン・レマリー著　三宅真理翻訳／美術出版社
『シャネル――スタイルと人生』ジャネット・ウォラク著　中野香織翻訳／文化出版局
『シャネルの真実』山口昌子著／新潮文庫
『シャネル――人生を強く生きるための「孤独力」』斎藤孝著／大和書房
『ココ・シャネルの星座』海野弘著／中央公論社
『映画、輪舞（ロンド）のように』秦早穂子、山田宏一著／朝日新聞社
『シャネル20世紀のスタイル』秦早穂子著／文化出版局

〈映画パンフレット〉
『ココ・シャネル』（監督クリスチャン・デュゲイ）
『ココ・アヴァン・シャネル』（監督アンヌ・フォンテーヌ）
『シャネル&ストラヴィンスキー』（監督ヤン・クーネン）
『ココ・シャネル 時代と闘う女』（監督ジャン・ロリターノ）

〈図録〉
「ガブリエル・シャネル展 Manifeste de mode」／三菱一号美術館美術館

髙野てるみ

Terumi Takano

映画プロデューサー、シネマ・エッセイスト、株式会社ティー・ピー・オー、株式会社巴里映画代表取締役。東京生まれ。美大卒業後、新聞記者を経て、『anan』など女性誌の編集者・ライターに。その後、雑誌・広告の企画制作会社ティー・ピー・オー、洋画の配給・製作会社巴里映画を設立。多くのフランス映画の配給・製作を担う。著書として『ココ・シャネル 女を磨く言葉』『ブリジット・バルドー女を極める60の言葉』『マリリン・モンロー魅せる女の言葉』（いずれもPHP文庫）、『仕事と人生がもっと輝くココ・シャネルの言葉』（イースト・プレス）、『恋愛合格!太宰治のコトバ66』（マガジンハウス）、『職業としてのシネマ』（集英社新書）、『ココ・シャネルのことばと人生』（監修・ポプラ社）ほか。映画関連の執筆、授業・講演活動も行う。「巴里映画GARAGE」でもセミナー、イベントを主宰。

巴里映画ホームページ

髙野てるみフェイスブック

「スクリーンオンライン」連載
『シネマという生き方』

写真 ―――― アマナイメージズ
公益財団法人川喜多記念映画文化財団
装丁 ―――― アルビレオ
DTP ―――― 株式会社三協美術
校正 ―――― 新名哲明
編集長 ――― 山口康夫
担当編集 ―― 加藤有香

コ コ・シ ャ ネ ル
孤独《こどく》の流儀《りゅうぎ》

2023年4月11日　初版第1刷発行

著　者　髙野てるみ

発行人　山口康夫

発　行　株式会社エムディエヌコーポレーション
〒101-0051 東京都千代田区神田神保町一丁目105番地
https://books.MdN.co.jp/

発　売　株式会社インプレス
〒101-0051 東京都千代田区神田神保町一丁目105番地

印刷・製本　中央精版印刷株式会社

［カスタマーセンター］
造本には万全を期しておりますが、万一、落丁・乱丁などがございましたら、送料小社負担にてお取り替えいたします。お手数ですが、カスタマーセンターまでご返送ください。

- 落丁・乱丁本などのご返送先　〒101-0051 東京都千代田区神田神保町一丁目105番地
株式会社エムディエヌコーポレーション カスタマーセンター
TEL：03-4334-2915
- 書店・販売店のご注文受付　株式会社インプレス 受注センター
TEL：048-449-8040／FAX：048-449-8041

- 内容に関するお問い合わせ先
株式会社エムディエヌコーポレーション カスタマーセンター メール窓口
info@MdN.co.jp
本書の内容に関するご質問は、Eメールのみの受付となります。メールの件名は「ココ・シャネル 孤独の流儀 質問係」とお書きください。電話やFAX、郵便でのご質問にはお答えできません。ご質問の内容によりましては、しばらくお時間をいただく場合がございます。また、本書の範囲を超えるご質問に関しましてはお答えいたしかねますので、あらかじめご了承ください。

ISBN 978-4-295-20499-2　C0095